Harald Waitzbauer
Zeitreisen

Harald Waitzbauer, Jg. 1955, studierte Publizistik und Kunstgeschichte in Salzburg und arbeitete im Salzburger Freilichtmuseum, seit 2021 in Pension; zahlreiche Bücher, Buch- und Zeitschriftenbeiträge zur Salzburger Landesgeschichte sowie über Ungarn, Istrien, Friaul und Triest.

Harald Waitzbauer

Zeitreisen

Streiflichter auf Kretas bewegte Geschichte

Bibliografische Information Der Deutschen Bibliothek
Die Deutsche Bibliothek verzeichnet diese Publikation in der Deutschen Nationalbibliografie; detaillierte bibliografische Daten sind im Internet über http://dnb.ddb.de abrufbar.

Verlag Dr. Thomas Balistier
Egartstr. 19
D-72127 Mähringen
www.kreta-buch.de

1. Auflage Mähringen 2024
Umschlaggestaltung: PEAK Agentur für Kommunikation GmbH, Tübingen
Satz: die:umsetzer Agentur, Ammerbuch
Herstellung: bookpress.eu, Olsztyn (Polen)

ISBN 978-3-937108-46-9

Inhalt

Zeitreisen

Die Abenteuer im Kopf bringen uns der kretischen Vergangenheit nicht wirklich näher.

Lange Zeit lautete eine meiner Lieblingsspinnerei: Zeitmaschine. Mit Hilfe einer im echten Leben leider noch nicht entwickelten Technik katapultierte ich mich in Kinder- und Jugendjahren durch die Epochen der Geschichte und bewegte mich geschmeidig im Geschehen vergangener Jahrhunderte und Jahrtausende. Geschichtsträchtigen Ereignissen und Begegnungen mit bedeutenden historischen Figuren ging ich dabei aus dem Weg, mich interessierten allein die gesellschaftlichen und alltagskulturellen Verhältnisse der jeweiligen Epoche. Das Früh- und Hochmittelalter bot sich für derlei Ausflüge ganz besonders an. Das rührt wahrscheinlich von den diversen Robin Hood-Filmen her, die ich als Kind konsumiert habe: Gute Ritter, böse Ritter, guter König, böser König, Robin Hood und seine wackeren Waldburschen, Lady Marian, dieser Stoff besaß Potenzial für die Fantasieentwicklung des Heranwachsenden. Aber auch bei den diversen Sandalenfilmen aus Cinecittà war ich in meiner Fantasie jedes Mal mit dabei: Griechen, Römer, Jesus, Christen, in diesen Genren war ich zu Hause. Mit zunehmendem Wissen wurden die Ausflüge in die Vergangenheit differenzierter und diffiziler. Welche Stellung hätte ich in der jeweiligen Gesellschaft eingenommen, welcher Tätigkeit wäre ich nachgegangen, welche Rolle hätte ich gespielt? Immer davon ausgehend, dass mein Babelfisch sich der Verständigungsschwierigkeiten annimmt und mir den Wohlklang längst ausgestorbener oder so nicht mehr gesprochener Sprachen übersetzt.

Die realistische Vorstellung eines fidelen Ausflugs in die Vergangenheit würde wahrscheinlich jedes Mal knapp an irgendeiner Katastrophe vorbeischrammen, siehe im Roman *Timeline* von Michael Crichton. Meist wärest du verloren, bevor du es überhaupt bemerktest, nicht nur in Zeiten der Pest! Denn auch ohne Pest wirst du auf der Stelle krank, wirst sofort von Flöhen, Läusen und Wanzen angesprungen, das Essen tut dir nicht gut oder schmeckt dir nicht oder du würgst es nach dem zweiten Bissen wieder hervor. Das Wasser ist gefährlich schmutzig und – kaum auszudenken: Nicht einmal duschen kannst du! Weit und breit keine Apotheke, in der du dir deine Tabletten für die Blutverdünnung oder deine Diabetes-Medikamente oder nur deine Calcium-Brausetabletten besorgen kannst. Ganz auf dich allein gestellt mit deinem zeitgeistigen Individualismus bist du frei wie ein Vogel in den Lüften und allen anderen Menschen komplett ausgeliefert. Stell dir vor, du landest bei Schneefall im 16. Jahrhundert: Keine Zentralheizung weit und breit, stattdessen sitzt du in einer Rauchstube, in der du nach einer Stunde komplett geselcht bist. Zarter Hinweis für alle Jüngeren unter uns: Es gibt keinerlei Möglichkeit, irgendwo das Ladekabel anzuschließen und das Smartphone aufzuladen, weil: keine Elektrizität → kein Internet!! Und wenn überhaupt Zeitmaschine, dann bitte vorher eine Ausbildung für einen der folgenden Berufe absolvieren: Kampfsportler, Zauberkünstler, Märchenerzähler, Schauspieler (ganz besonders Schauspielerinnen), Zirkusclown, Priester der Piusbruderschaft, Zimmerer. Traditionelle Geschlechterrollen beachten! Damen sollten auf jeden Fall kochen, nähen und, wenn möglich, mit der Handspindel umgehen und den Webstuhl bedienen können. Gewisse Überlebenschancen würde ich auch noch Lateinprofessoren einräumen, sowie Historikern, die mit den gesellschaftlichen Gegebenheiten des jeweiligen Zeitabschnitts vertraut sind. Letztere könnten sich vielleicht eine Zeitlang über Wasser halten und mit etwas Glück eine Nische für ihr unsicheres Dortsein finden. Alle anderen Berufe, wie etwa Tankwart, IT-Experte, PR-Berater, Börsenmakler, Sozialpädagoge oder Museumsdirektor wären unisono zum Scheitern verurteilt, wenn nicht sogar dem Tode geweiht. Im minoischen Kreta täte sich allerdings auch ein

Lateinprofessor schwer. In diesem Fall plädiere ich dafür, vor der Zeitreise einen Kurs im Geräteturnen zu belegen, um die Überlebenschance beim Stierhornüberschlag zu erhöhen. Eine Zeitreise zu den Minoern der Jüngeren Palastzeit war natürlich bereits Teil meiner Zeitreisenspintisiererei, aber wegen mangelnder Kenntnis der damaligen Umstände kam ich nicht sehr weit. Unmöglich zu sagen, was passiert wäre, wenn ich im Jahr 1524 v. Chr. allein an Kretas Küste aufgetaucht wäre, sagen wir, als Passagier auf einem jener Schiffe, wie sie auf dem Fresko von Akrotíri dargestellt sind[1] oder eines davon in Chaniá in Originalgröße zu sehen ist. Hätte man mich gefangen genommen und zu einem gekrönten Haupt oder Gebietsverwalter geschleppt? Wäre ich wie ein exotisches Tier bestaunt oder gleich um die Ecke gebracht worden? Oder hätte man auf mich überhaupt keine Acht gegeben, weil sowieso Menschen von überall her im minoischen Hafen unterwegs waren? Besser als allein wäre wahrscheinlich als Gruppe aufzutreten, die eine fremde Handelsdelegation mimt und zahlreiche Geschenke für die Inselchefs im Gepäck mitführt. Vielleicht wäre ich dann in den Genuss eines Festgeschehens inklusive Stierhornüberschlag gekommen.

Alles wilde Spekulationen, die durch konträre aber ebenso wilde Spekulationen ersetzt werden können. Sie kennen sicherlich auch die diversen TV-Dokus, in denen historische Ereignisse halbdokumentarisch nachgespielt werden und die dabei Authentizität vorgaukeln. Auf diese Weise war ich bereits drei Mal bei Hannibals Alpenüberquerung in unterschiedlichen Darstellungen dabei, habe gesichtsbemalten Steinzeitlern bei der Jagd und ungeschminkten Steinzeitlern bei der Paarung zugesehen sowie ägyptische Priester bei ihren kultischen Handlungen beobachtet. Wobei: Nicht passende Frisuren, Bekleidung, Waffen und andere Requisiten fallen dem Publikum meistens eh nicht auf. Der Teufel steckt entweder in den Interpretationsvorstellungen der heutigen Wissenschaft, in der Fantasie von Regie und Ausstattung oder ganz einfach im Detail. Für Historiker sind *historische Romane, Filme und Computerspiele, die in großer Fülle versuchen, die … Vergangenheit zu animieren, … meistens eine Tortur.*[2] Wenn ich spintisierend mit meiner Zeitmaschine unterwegs bin, bastle ich mir selbst meine ganz persönlichen historischen Dokus zusammen, die vielleicht ein bisschen den damaligen Gegebenheiten entsprechen oder auch gar nicht. Zusammenfassend lässt sich daher sagen, dass die wahren Abenteuer zwar im Kopf sind (© André Heller), aber uns in Sachen kretische Vergangenheit nicht wirklich weiterbringen.

Die kretische Geschichte ist auch ohne Zeitmaschine faszinierend genug. Der touristische Fokus liegt auf der minoischen Kultur, wobei diese nur einen Teil des Ganzen darstellt. Das herausragende Merkmal von Kretas Vergangenheit ist die Vielzahl völlig unterschiedlicher Epochen, welche die Insel bis in unsere Zeit durchlaufen hat. Das historische Mosaik schillert nicht nur in minoischen, sondern außerdem in griechischen, römischen, oströmisch-byzantinischen, arabischen und noch einmal byzantinischen Farbtönen, in den letzten 800 Jahren kamen noch venezianische und osmanische Mosaiksteine dazu, nicht zu vergessen die Teilstücke der jüngsten Vergangenheit. Auf der gesamten Insel verstreut finden sich Artefakte fast aller Zeitabschnitte und machen die Geschichte dadurch sichtbar und greifbar. Zirkeln Sie einmal Ihren Aufenthaltsort auf Kreta mit einem Radius von zwanzig Kilometern ab! Sie werden staunen, was auf dieser Fläche alles an Sehenswertem zutage tritt.

Unsere touristischen Vorfahren

In den vergangenen Jahrhunderten wurde Kreta immer wieder von Reisenden aufgesucht, die über ihren Inselaufenthalt Schriftliches hinterließen. Welche Ereignisse und Erlebnisse fanden unsere touristischen Vorfahren berichtenswert?

Wie darf man sich das Leben auf Kreta vorstellen, kurz bevor der touristische Massenstrom die Insel erreichte? Sagen wir einmal, so um 1970? Eines ist sicher: Die ländliche Gesellschaft, wie sie damals existierte, war noch in Traditionen verhaftet, die wir heutzutage auch bei intensiver Suche nicht mehr finden würden. Und je weiter zurück desto archaischer und patriarchalischer. Aus dem Jahr 1935 existiert eine französische Filmdokumentation mit dem Titel *En Crète sans les dieux* (https://youtu.be/7YgQbeIcj7I oder https://vimeo.com/122338799), die eine Ahnung vom Inselleben in der Zwischenkriegszeit gibt. Ein noch älteres Filmdokument zeigt das Leben in Iráklion und Chaniá um 1915 (https://youtu.be/Y2VePvypiCg). Sogar eine kurze Knossós-Sequenz ist darin enthalten. Unbedingt anschauen!

Eine weitere Spur ins Gestern bieten Reisende, die ihre Inselerlebnisse zu Papier brachten – ganz subjektiv, wie sich's gehört. Etwa zur selben Zeit, als der Film über Iráklion entstand, war eine der ersten Touristengruppen auf Kreta unterwegs. Eine Schweizer Reisegesellschaft unternahm im Frühjahr 1914 eine Rundreise über die Insel, die damals gerade ein Teil Griechenlands geworden war. Die vierundzwanzigköpfige Gruppe aus Zürich hielt sich zweieinhalb Wochen auf Kreta auf und bereiste die Insel per Maultier, mehr Expedition als Erholungsurlaub, mehr romantisches Abenteuer als Pauschalreise. In ihrem Selbstverständnis empfand sich die Gruppe als modern, die in ihrer fortschrittlichen Lebensweise die Gelegenheit erhielt, *noch das alte Kreta kennen zu lernen, das Kreta ohne Eisenbahnen, das ausser in der Umgebung einiger Hafenstädte der Nordküste keine fahrbaren Strassen, sondern nur Saumpfade hat, das im Innern keine Gasthäuser kennt, ... wo man noch vielfach bewaffnet geht, die Wohnungen kleine Festungen sind und die Schulen, wenn solche überhaupt vorhanden, meistens noch in ganz mittelalterlicher Weise von der Geistlichkeit geleitet werden.*[3]

Begleiten wir die Reiseteilnehmer auf ihrem Weg und folgen ihren Schilderungen.[4] Die Anreise der Gruppe erfolgt auf der *Nilo*, einem Dampfschiff der *Navigazione Generale Italiana*, welches die Linie Venedig-Alexandria-Port Said bedient[5], Ankunft in Iráklion ist der 31. März 1914. Der hohe Wellengang macht bereits die Ausbootung zum Erlebnis, ein Mann geht bei der Aktion über Bord und muss wieder aus dem Wasser gefischt werden. Wegen der rauen See kann ein Teil des Reisegepäcks nicht an Land gebracht werden und muss auf dem Schiff verbleiben, das nach Alexandria weiterfährt. In ihren Unterkünften *Hotel Knossos* und *Palace Hotel* können sich die Reisenden von der Aufregung der stürmischen Ausschiffung erholen, bevor sie sich in den ersten Besichtigungstrubel stürzen. Iráklion, das von den Schweizern nach wie vor Cándia genannt wird, besitzt für die Besucher das Flair einer ganz und gar orientalischen Stadt. Die Beschreibung des Straßengewimmels erinnert an die Schilderungen von Marokkourlaubern der Gegenwart: Kleine Geschäfte, Werkstätten und Lokale reihen sich aneinander, Metzgerläden, die ihre Hammel und Geflügel feilbieten, Obst- und Gemüsestände, deren Oliven und Orangen besonders prächtig aussehen, Läden, die Feze, Lederwaren, Waffen und Silberwaren im Angebot haben. In den zahlreichen *kafeneía* sitzen kräftige und muskulöse Männer mit ernsten, fast melancholischen Gesichtern und trinken aus kleinen Schalen ihren arabischen Kaffee. Frauen dagegen sind auf den Straßen selten anzutreffen, und wenn, sind sie stark verschleiert. So schlendern die Urlauber durch die Stadt und lassen die vielen fremden Eindrücke auf sich wirken. Auch der venezianische Löwenbrunnen wird ausgiebig bewundert. Einen Fixpunkt der Besichtigungstour bildet der Besuch des Archäologischen Museums, das zwei Jahre zuvor erweitert wurde.

Iráklion ist der Ausgangspunkt der Rundreise. Jedes Mitglied der Touristengruppe erhält ein Maultier zugewiesen. Mit Treibern, Bediensteten und der begleitenden Gendarmerieabteilung (für alle Fälle, man weiß ja nie) wächst die Gruppe auf vierzig Personen an und erregt damit überall, wo sie erscheint, großes Aufsehen. Die Reiseleitung hat der Schweizer Robert Stuker übernommen, seines Zeichens Erzieher und Historiker am königlichen Hof in Athen. Reiseroute: Von Iráklion über Knossós und Archánes geht es nach Süden bis Agía Galíni, anschließend Richtung Westen bis Chóra Sfakíon und von dort nordwärts nach Chaniá, dem Endpunkt der Reise. Da es außerhalb der großen Städte keine gewerblichen Unterkünfte gibt, schlafen die Reiseteilnehmer in Klöstern, Schulgebäuden, Gendarmerieposten und Privathäusern. Überall, wo übernachtet wird, ist die Gruppe im Vorhinein avisiert. Die Touristen aus der Schweiz staunen über das exotische und von der modernen Welt noch unberührte kretische Binnenland, die kretische Bevölkerung staunt über die exotischen und modernen Menschen aus Europa. Für die Reisenden beginnt das Staunen bereits beim Verlassen von Iráklion. Vor der *kainoúrgia pórta* treffen sie auf Mittellose, Habenichtse, Kranke und Krüppel, die dort Aufstellung genommen haben, um von den Vorübergehenden milde Gaben zu erbitten. Während die Karawane auf der gut gebauten Landstraße Richtung Knossós trabt, sind umgekehrt zahlreiche Menschen in *kretischer Nationaltracht zu Fuß oder zu Pferd, gefolgt von frohen Kinderscharen, viele schwerfällige, zweirädrige Wagen, alle beladen mit prall gefüllten Ziegenschläuchen, in denen Öl oder Wein zur Küste geführt wird*, zum Markt nach Iráklion unterwegs, für die Touristen *allerliebste Bilder voll intimsten Reizes.* Zwischenstation in Knossós, wo die bisher getätigten Ausgrabungen besichtigt wurden. Manche der Reiseteilnehmer glauben zu wissen, dass die Fläche des minoischen Palastes jener der erweiterten Eidgenössischen Technischen Hochschule in Zürich entspricht.

Am ersten Reisetag ist alles noch sehr aufregend, sogar ein pflügender Bauer auf dem Feld weckt die Aufmerksamkeit. Der Pflug, der von zwei mageren Kühen gezogen wird, ist eigentlich eine primitive Arl, die den Boden nur aufritzt. Der Mann trägt die kretische *Nationaltracht*, in der rechten Hand hält er einen langen Stock, auf dem Kopf sitzt eine enganliegende, braune Mütze. Trotz der Wärme ist er in einen schweren, nahezu bis zum Boden reichenden Mantel eingehüllt. Alles hinreichend exotisch, um Bauer und Zugtiere mit der Plattenkamera zu fotografieren. Im Weinstädtchen Archánes erfolgt ein mehrstündiger Aufenthalt, der sich zu einem Volksfest entwickelt. Die Maultierkarawane ist die Sensation des Monats, der ganze Ort ist auf den Beinen, alles drängt sich um die Fremden. Einer der Mulitreiber schnappt sich die Lyra und spielt Weisen. Es werden Reden gehalten, Trinksprüche ausgesprochen und es wird mit herrlichem Wein angestoßen, Bürgermeister und Dorfältester beginnen mit ungewöhnlicher Grazie zu tanzen, bald schließen sich andere Männer an und die Kette mit den Tänzern wird immer länger. Für die Schweizer Gäste ist es ein Hochgenuss, dem rhythmischen Hin- und Herwogen der Reihen zu folgen.

In Archánes ist die Landstraße zu Ende, von nun an geht es nur mehr auf Eselspfaden weiter. In jedem Kloster und jedem Dorf, in dem die Gruppe eintrifft und übernachtet, entwickelt sich sofort eine Festveranstaltung mit Essen und Trinken, Musik, Gesang und Tanz. Im Kloster Ágios Geórgios bleibt den Reiseteilnehmern das opulente Frühstück in Erinnerung: *mastícha*-Likör und *loukoúmi*, Kaffee, Reissuppe mit Eiern und Zitronen, gebratenes Schaffleisch, Ziegenkäse mit Honig, Orangen, Mispeln, dazu kretischer Wein. In Timbáki feiert das gesamte Dorf die Ankunft der Fremden, ebenso in Melámbes, wo beim Einzug in den Ort die Kirchenglocken läuten, die jungen Burschen ihre Flinten abfeuern und die Schuljugend die Maultierkarawane mit Blumen überschüttet. Sehr angetan ist die Gesellschaft vom Aufenthalt im Kloster

Préveli. Einen besonderen Eindruck hinterlässt hier der Abt mit dicker, roter Nase, zwei äußerst lebhaften, maliziösen Augen und einem umfangreichen Bäuchlein, sowie die angebotenen Speisen: zunächst Gerstenbrot mit Sesam und Zucker bestreut, Oliven und *mastícha*-Likör; es folgen eine Gemüsesuppe, Reis, Artischocken, Kartoffeln mit Schaffleisch, gebackene Fische, kretischer Ziegenkäse mit Honig und Salat. Dazu wird ein vorzüglicher Tropfen ausgeschenkt. Nach Tisch wird Kaffee und Tee mit Kognak aufgewartet und zum Schluss gibt es Biskuits, Mispeln und Orangen von seltener Größe und Güte. Bei so viel Schlaraffia ruft der Schweizer aus: *Wer möchte da nicht Klosterbruder sein!* Nebenbei erfahren die Gäste, dass man Orangen für längere Zeit haltbar macht, indem man sie nach der Ernte im Sand vergräbt. Die Galadiners in den Klöstern bilden aber die Ausnahme, in der Regel erhalten die Schweizer tagtäglich Hammelfleisch und Joghurt vorgesetzt, was ihnen bald zum Hals heraushängt.

Die Schilderungen zum Thema Kontakt mit der einheimischen Bevölkerung erwecken zeitweise eher den Eindruck von einem Kretistan im hinteren Hindukusch als von einer sonnig-freundlichen Mittelmeerinsel. Obwohl das Örtchen Míres nur aus wenigen Häusern besteht und 1914 nicht mehr als dreihundert Einwohner zählt, gibt es dort den auch in der Gegenwart berühmten Samstagsmarkt, der bereits 1914 ein fixer Termin für die Einwohner der näheren und weiteren Umgebung darstellt. Die Reisegesellschaft ist begeistert: *Jeden Samstag findet in Mires ein Wochenmarkt statt, der meist stark besucht wird. Vor dem Ort steht ein ganzer Tross von Packpferden, Maultieren, kleinen, struppigen Eselchen, auf denen in Tragsäcken alles mögliche herbeigeschafft worden ist. Da es keine Strassen gibt, fehlen Wagen. All die Herrlichkeiten, die zum Verkauf kommen sollen, werden grösstenteils auf offener Strasse auf dem Boden ausgebreitet. Da sieht man Säcke mit Gerste, Reis, Zwiebeln und Schafwolle; Töpfe mit Honig, Körbe mit lebenden Schnecken, dem vielbegehrten Fastenessen, Stockfische, Sardinen; dann Lederstücke und Schuhwaren, sowie allerlei europäische Bedarfsartikel: bunte*

Tücher, Spiegelchen, sogar Druckknöpfe sind zu haben, auch alte Bücher und Bilder vom Balkankrieg, schauderhaft blutig und strategisch höchst unwahrscheinlich, aber für das patriotische Gemüt erhebend. Ungemein belebt ist der Viehmarkt. Junge Ziegen erzielen acht bis zehn Drachmen. Schweine werden an den Hinterbeinen getragen und quieken um ihr Leben. Überall drängen sich halb verwilderte Hunde durch und beschnüffeln alles. In den kleinen Butiken herrscht ein fürchterliches Gedränge, da wird die Wasserpfeife geraucht, aus kleinen Tässchen der arabische Kaffee geschlürft (die Tasse zu fünf Cts.) und die Tagesneuigkeiten ausgetauscht. Man sieht fast nur Männer, Frauen sind sehr spärlich vertreten. Um den Kopf tragen sie beinahe stets schwarze Tücher, der Unterrock ist öfters lebhaft grün oder blau. Schmuck fehlt nicht. Als Gehänge werden Goldmünzen verwendet. Viel mannigfaltiger und origineller ist die Tracht der Männer. Neben der kretischen Nationalkleidung werden blaue Pumphosen aus Zwilch getragen. Trotz der Hitze haben sie schwere Mäntel aus weisser Schafswolle über die Schultern geworfen. Die nackten Beine stecken bald in Sandalen, bald in hohen, gelblich-weissen, weichen Stiefeln aus Ziegenfell, die man sich für 15 Drachmen erstehen kann. Die Männer sind durchgehend kräftig gebaut, aber in der Regel eher klein; sie tragen oft stattliche, schwarze Bärte.[6] Ein mit der Plattenkamera gemachtes Foto zeigt eine Gruppe Männer und ein Rudel Hunde vor dem Hintergrund eines ruinösen Gebäudes. Die Ansicht könnte auf den ersten und sogar auf den zweiten Blick auch in Kurdistan, Kafiristan oder Belutschistan entstanden sein.

Dass Kreta nicht gleich Kreta ist, wird den Eidgenossen spätestens beim Eintreffen in Komitádes klar. Das Dorf liegt in der Sfakiá, dem rebellischsten und kriegerischsten Landstrich der Insel. Der Weg hierher ist gesäumt von zahlreichen Ruinen und halbverlassenen Siedlungen, ein Ergebnis des letzten Aufstandes. Die Urlauber passieren zerstörte Gebäude und bemerken an halb zerfallenen Häusern Brand- und Kugelspuren. Auch in Komitádes sehen sie viele ruinenhafte Häuser. Die Bevölkerung wirkt nicht so freundlich und zuvorkommend wie bisher erfahren. Die Gesichter der Menschen werden als noch ernster, rauer und wilder wahrgenommen. Während die Gruppe wieder einmal Hammelfleisch und Joghurt vorgesetzt bekommt, wird sie von der Dorfbevölkerung umringt, bedrängt und neugierig beobachtet. Eine Situation, welche die Touristen unangenehm *berührt* und sie als *Belagerungszustand* bezeichnen. Zur Nachtruhe werden die Reiseteilnehmer in einzelnen Privathäusern untergebracht, die mit ihren massiven Mauern, verriegelten Toren und vergitterten Fenstern kleinen Festungen gleichen. Hier geht der Belagerungszustand weiter: Das Aus- und Ankleiden am Abend und in der Früh erfolgt in Gegenwart der ganzen Familie. Groß und Klein, Alt und Jung, erwachsene Töchter und Söhne wollen bei dieser Staatsaktion dabei sein. Strümpfe und Unterhosen gehen zur Begutachtung von Hand zu Hand. Bei den Damen drängt sich ein ganzes Heer von dienstbaren Händen herbei. Man möchte Schuhe und Strümpfe ausziehen, die Haare lösen, alles ansehen, berühren und beschnüffeln.

Schließlich geht die Reise durch die Imbros-Schlucht und die Ebene von Askífou wieder zurück in die Zivilisation, die im Dorf Embrósneros beginnt. Bis dorthin ist der Bau der neuen Landstraße fortgeschritten, die Chaniá mit der Sfakiá verbinden soll. In der kretischen Hauptstadt kann die Reisegesellschaft dann endlich wieder die Annehmlichkeiten der Stadt genießen und zugleich doch noch ein bisschen Orient schnuppern. Das Absteigequartier heißt vielversprechend *Grand Hôtel de France et d'Angleterre* und befindet sich am Hafenkai gleich neben der Janitscharenmoschee. Zwei Tage lang wird die Stadt gründlich besichtigt, wobei die neue Markthalle und die *Gartenstadt* Chalépa mit ihren Landsitzen und Villen besonders gefallen. Sogar Kraftwagen bekommen die Damen und Herren gelegentlich zu Gesicht. Die alte Stadt dagegen wirkt völlig orientalisch: enge und winkelige Gässchen, vergitterte Haremsfenster, Minarette und Moscheen, ein buntes Bazarleben und ein großes Völkergemisch. Im Chaniá des Jahres 1914 sind noch zahlreiche *chalikoútes* zu sehen, wie man die arabischen und schwarzafrikanischen Einwanderer aus den 1830er Jahren und deren Nachfahren nennt. Noch zehn Jahre und sie müssen Kreta unfreiwillig verlassen. Dazu später. Die Schweizer Reisegesellschaft verlässt Kreta freiwillig auf dem kleinen Dampfer *Spetsa*, der sie wohlbehalten nach Athen bringt.

Wenn wir uns jetzt ins noch frühere Früher begeben, treffen wir nicht mehr auf herkömmliche Touristen, sondern eher auf Forschungsreisende unterschiedlichster Provenienz. Einer, der sich fast hundert Jahre vor der wackeren Schweizer Touristenschar auf Kreta umsah, war Franz Wilhelm Sieber (1789 bis 1844). Der österreichische Botaniker, der sein Leben leider in geistiger Umnachtung beschloss, hinterließ uns Nachgeborenen zwei Bücher über Kreta, ein dickes und ein etwas weniger dickes, welche seinen Inselaufenthalt im Jahr 1817 zum Inhalt haben. Sein Gastspiel auf der Insel dauerte fast ein Jahr und die Zeitumstände waren völlig andere als bei der Zürcher Reisegesellschaft. Die griechischen Freiheitskämpfe haben noch nicht begonnen und die Insel lag unter einer erstarrten osmanischen Herrschaft in völliger Agonie. Sieber konnte seine Rundreisen im Inselinneren nur mit einer Bewilligung durch den Oberpascha durchführen. Ohne einen freundlichen Auftritt beim Pascha und ohne die Unterstützung des Honorarkonsuls und einiger europäischer Handelskaufleute wäre Sieber auf Kreta nicht sehr weit gekommen. Seine Reiseerinnerungen sind das sympathische Kraut und Rüben-Sammelsurium (Botaniker!) eines vernunftorientierten Europäers, der zu Beginn des 19. Jahrhunderts den in seinen Augen faulen, rückständigen, behäbigen und müßigen Orient bereist, zu dem Kreta gezählt wurde. Als Botaniker richtete Sieber sein besonderes Augenmerk auf die Pflanzen und hier speziell auf die Heilpflanzen. Damit machte er sich in den Augen der Bevölkerung zum Arzt, den man für alle Leiden dieser Welt konsultieren konnte. Es gab kaum ein Dorf, in dem er nicht von Menschen umlagert wurde, die einen medizinischen Rat erbaten, während Großgrundbesitzer und Verwaltungsbeamte ihn ins Haus rufen ließen. Sieber besaß einige medizinische Kenntnisse und half, wo es ging, fand aber diesen einseitigen Blickwinkel auf seine Person nach kurzer Zeit sehr *verdrießlich*, das heißt, das Herumdoktern ging ihm ziemlich auf die Nerven. Richtiggehend unangenehm wurde es bei Schwangerschaften, die er verheimlichen sollte, oder bei denen er aufgefordert wurde, einen Abbruch vorzunehmen.

Das Reiten auf den kretischen Maultieren fand Sieber sehr beschwerlich, weil der Sattel über keinen Bauchriemen verfügte: *Man ist daher genöthigt, immer von Erhöhungen von 2 bis 3 Fuß*[7] *hohen Steinen, zu welchen man das Maulthier hinführt, dasselbe am Halse zu besteigen und sich unmittelbar in den Sattel zu setzen.*[8] Weiteres Problem: die Orientierung. Mangels Hinweisschilder im Landesinneren, wo die Siedlungen ausschließlich durch *kalderímia* verbunden waren, schien ein Weiterkommen nur mit ständiger Fragerei möglich. Sieber gibt dazu folgenden Tipp: *Man kann bey seinem Reiseentwurfe nie vorsichtig genug seyn, und nie genug vorher nachfragen. Ich empfehle dazu einfache Landleute, welche ohne vorgefaßte Meinung die Fragen schlicht beantworten.*[9] Der typisch kretische Reigentanz war nicht so ganz das Seine: *Eine Reihe von 12 bis 13 Griechinnen, einen einzigen Mann an der Spitze, gaben sich die Hände, und rutschten, indem sie den Körper hin und her, vor- und rückwärts bewegten, bey jedem Takt um einen halben Schritt im Kreise herum.*[10] Genau, das tun sie heute auch noch. Er stellte fest, dass Gebirgskreter und Küstenkreter schlecht übereinander redeten. Auf den wunderbaren kretischen Honig stimmte er ein Hohelied an, ebenso auf das klare, gute und wohlschmeckende Wasser. Lange Zeit war ein Grieche namens Georgi sein Reisebegleiter, den Sieber im Laufe der Reise mehr und mehr verabscheute. Dank Georgi geriet er schließlich sogar mit den osmanischen Behörden und den Janitscharen in Konflikt.

Ein Umstand fällt besonders auf: Sieber berichtet immer wieder von der Überheblichkeit der muslimischen Kreter, die – unabhängig von ihrer teilweisen Liebenswürdigkeit – klar erkennen ließen, wer auf Kreta das Sagen hatte und wer nicht. Dieses Herrengetue öffnete Tür und Tor für Willkürakte, vor denen die Christen (*Sie hoffen und harren, und wissen nicht einmal, wer ihre Schergen sind*)[11] in ständiger Furcht lebten. Wir erfahren, dass christliche Kreter von ihrem Reittier steigen mussten, wenn ihnen Türken oder Türkenkreter entgegenkamen, ebenso durften sie die Tore der großen Städte nur zu Fuß passieren. Den kretischen Christen war es verboten, in der Stadt einen Stock zu tragen, und er, Sieber, wurde von den muselmanischen Stadtbewohnern mürrisch angesehen, wenn er mit der Metallspitze seines Stockes auf das Straßenpflaster schlug und damit Lärm machte.

Von dieser ständigen Furcht ausgenommen waren die Bewohner der Sfakiá. Für Sieber war die Sfakiá der interessanteste Landstrich der Insel. In Anlehnung an die Renitenz eines anderen Gebirgslandes bezeichnete er ihn als *das Tyrol von Kreta*.[12] (Kleine Anmerkung: Wenn die Sfakiá das Tirol von Kreta ist, dann ist Kreta das Tirol von Griechenland.) Sieber schrieb den (männlichen) Sfakioten folgende Attribute zu: stolzer Gang, erhobenes Haupt, Schießgewehr, große Statur, Uneinigkeit und ein paar Verkrüppelte als Ergebnis interner Auseinandersetzungen. Zu Siebers Zeit bestand die Sfakiá aus zwölf Gemeinden mit zwölf *Kapetanen*, die sich von niemandem und schon gar nicht von ihren *Kapetan*-Kollegen etwas sagen ließen.

Bei aller Reisemühsal ließ es sich Sieber dennoch nicht nehmen, hin und wieder das zu tun, was in der Gegenwart alle Kretareisenden tun: sich im Meereswasser zu vergnügen. Seine diesbezügliche Beschreibung hört sich zwar altmodisch an, wahrscheinlich konnte Sieber auch nicht schwimmen, aber man merkt dem Text an, dass es ihm gefallen hat: *Ich entkleidete mich, das Meerwasser trug mich empor, wogegen ich jedesmal im Flußwasser untersank.*[13] *Der Wind hatte sich erhoben, und ich durfte blos mit dem Rücken gegen das Meer gewendet und gebückt sitzen und mich an einen Felsen halten, denn die fluthende Welle erreichte mich und zerfiel über meinem Scheitel; ... Ich lernte das Spiel der Wellen kennen, und beobachtete, wie mannigfaltig ihre Wirkungen auf den ihnen ausgesetzten Körper sind. Als ich des Anspülens müde war, da mich einmal ein stärkerer Andrang von meinem zum Anhalten in den Sand gebohrten Stocke beynahe weggerissen hätte, trat ich heraus, und fühlte mich wie neu belebt.*[14]

Wenn wir uns in der kretischen Reisegeschichte noch einmal gut hundert Jahre zurückbewegen, stoßen wir auf den französischen Botaniker (schon wieder) Joseph Pitton de Tournefort (1656 bis 1708). Der Mann mit dem schönen Namen betrat im Jahr 1700 die Inselbühne. Damals befand sich Kreta seit etwa einer Generation gänzlich unter der Herrschaft der Hohen Pforte. Der hochgebildete Forschungsreisende Tournefort hatte sich in diesem Jahr gemeinsam mit dem deutschen Arzt Andreas von Gundelsheimer zu einer Orientreise aufgemacht, die der Pflanzenkunde und Pflanzenforschung gewidmet war. Kreta bildete die erste Station ihrer Unternehmung. Mit seinen Reisebriefen hinterlässt uns Tournefort einen interessanten Einblick in die Lebensumstände und gesellschaftlichen Verhältnisse auf der Insel, wobei er in seinen Schriften den distanzierten Standpunkt des rationalen Beobachters einnimmt. Dennoch gibt es aber auch gemeinsam mit den Kretern einiges zu lachen: *Sie lachten über unsere Manieren, und über unsere Kleidung, und wir über ihre Thorheit.*[15] Betont nüchtern erklärt Tournefort in allen Einzelheiten die auf Kreta praktizierten Hinrichtungsarten, die sich in ihrer Grausamkeit kaum von den europäischen unterschieden, aber rein technisch anders vollzogen wurden. Bei der Beschreibung des griechischen Landvolks schwingt fast schon ein wenig Empathie mit: *Kein Volk auf der Insel ist so gutthätig und vertraulich als die Griechen. Wo wir uns nur sehen ließen, da hatten wir Weiber, Töchter, Kinder und Alte, auf dem Hals. Man betrachtete unsere Kleidung, unser weisses Zeug, unsere Hüte. Das ganze Dorf versammelte sich, theils um uns herum, theils auf den Terrassen. Dieses thaten sie aber gar nicht, um uns zu näcken; denn sie sind sehr leutseelig.*[16] Wenn Tourneforts Dienerschaft in einem Dorf eine Unterkunft suchte, war die halbe Einwohnerschaft dabei. Das betreffende Haus wurde vor dem Beziehen ausgeräuchert, um es von Flöhen und Wanzen zu befreien. Weil die Reisegruppe an Heilpflanzen interessiert war, wurden ihre Mitglieder unisono als Mediziner angesehen. In jedem Dorf schleppte man Kranke zur Behandlung herbei. Auf diese Weise geriet Tournefort in dieselbe Situation wie Sieber hundert Jahre später: *Man lief uns haufenweis nach und schrie: Aerzte, gebt uns einige Pflanzen, die unsere Krankheit heilen. Wenn wir uns eine Zeitlang auf einer Heerstraße aufhielten, um eine Pflanze zu beschreiben, oder abzuzeichnen, so führte man alsobald kranke Kinder, oder Alte zu uns. Wir ertheilten ihnen mit Vergnügen guten Rat und gaben ihnen auch Arzeneyen; welches uns aber viele Zeit kostete.*[17] Es verwundert nicht, dass die Bewohner der Sfakiá auch bei Tournefort eine Sonderstellung einnahmen, indem er sie als die besten Krieger und die geschicktesten Bogenschützen der Insel darstellt. Dass die Kreter besser als andere mit Pfeil und Bogen umgehen konnten, begegnet uns bei Kretabeschreibungen des Öfteren.

Die Insel wird teils als sehr fruchtbar und reich beschrieben. Tournefort zählt auf: Geflügel, Tauben, Ochsen, Schafe, Schweine, Getreide, Wolle, Wein, Öl, Honig, Wachs, Käse und Laudanum. Die Weine sind vortrefflich. Und, aufgepasst: Das Olivenöl von Chaniá und Réthymnon ist das beste der Insel. Die landschaftliche Schönheit beschränkt sich in der Beschreibung allerdings auf die Hügel und Ebenen. Die Gebirgsmassive, die Tournefort beging oder überschritt, erlebt er als grauenvoll, was ihn aber nicht daran hinderte, bis weit über die Schneegrenze hinaufzuwandern und sogar den Psilorítis zu besteigen.

Die Herren der Insel waren die Türken, die zum Islam übergetretenen Kreter spielten sich ebenfalls als Herren auf. Von letzteren hielt Tournefort nicht sehr viel (*...Leute ohne Treue und Glauben, weder Türken noch Christen...*)[18], bezeichnet sie als *Renegaten*, die sich zwar als besonders fanatische Anhänger des Korans gebärdeten und die Christen als Schweinefleischesser beschimpften, heimlich jedoch selbst das Schwein verspeisten und den Wein tranken. Mit ihrem 150-Prozent-Gehabe befanden sich die *tourkokritikí* in guter Gesellschaft. Das weltweite Phänomen, dass Konvertiten ihrer neuen religiösen oder nationalen Heimat in übersteigerter

Form huldigen, kennt man aus vielen Gegenden und allen Epochen. Am anderen Ende der gesellschaftlichen Skala standen die *chainídes*, für die Tournefort die Bezeichnung *Cains* verwendet. Die *chainídes* waren in Kreta jene Gesetzlosen, Räuber und Rebellen, die sich in die unzugänglichen Gebiete der Insel geflüchtet hatten und von dort ihrem Handwerk nachgingen. Allerdings dürften ihre Zahl und ihre Bedeutung um 1700 nicht sehr groß gewesen sein, denn Tournefort lobt Kreta in höchsten Tönen als einen für Fremde sicheren und ungefährlichen Ort: *Man trift auf dieser Insel weder Bettler, noch Beutelschneider, noch Banditen, noch Strassenräuber, an. Die Hausthüren werden blos mit hölzernen sehr schwachen Stäben zugeschloßen, welche statt der Riegel dienen.*[19]

Da hat der Botaniker aus Frankreich Glück gehabt. Denn unser nächster Zeitzeuge, der 91 Jahre vor Tournefort die Insel betrat, wurde gleich am ersten Tag das Opfer von Straßenräubern. Die Rede ist von William Lithgow (1582? bis 1645?) aus Schottland, den es 1609 nach Kreta verschlagen hat. Eindeutig kein Forschungsreisender, mehr ein bisschen Abenteurer, ein bisschen Weltenbummler, ein bisschen Pechvogel und ein bisschen Misanthrop. Der Schotte wurde eher von äußeren Umständen durch den Orient getrieben als dass er selbst die Reiserichtung und das Reiseziel bestimmte. Offiziell gab sich Lithgow als Pilger auf dem Weg nach Jerusalem aus, das er später auch tatsächlich erreichte. Bevor wir fortfahren, eine kurze Rekapitulation: Die Zürcher Reisegesellschaft plus Personal bestand (1914) aus etwa 40 Personen. Franz Wilhelm Sieber war (1817) die meiste Zeit über zumindest mit einer weiteren Person (Georgi) oder anderen Begleitern unterwegs. Joseph Pitton de Tournefort und Andreas von Gundelsheimer verfügten (1700) sicherlich über persönliche Diener sowie ein paar einheimische Hilfskräfte. William Lithgow (1609) dagegen war ganz auf sich allein gestellt. Was eben dazu führte, dass er auf seiner Wanderung von der Festung Gramvoúsa, wo er das Schiff verlassen hatte, nach Chaniá das Opfer von Räubern wurde. Drei Griechen und ein Italiener *schlugen mich übel zusammen, raubten mir sämtliche Kleider und überschütteten mich mit Drohungen und Verwünschungen.*[20] Statt eines Beutels voller Geld fanden die Wegelagerer ein Empfehlungsschreiben des Dogen von Venedig, worauf sie von Lithgow abließen und ihm eine markierte Tonscherbe als Erkennungszeichen mitgaben, damit die nächsten Straßenräuber ihn in Ruhe ließen. Am Abend desselben Tages erreichte Lithgow ein Dorf namens *Pickehorno*[21], wo es weder etwas zu essen und zu trinken noch ein Nachtlager gab. Im Gegenteil: *Ich wurde von einer Horde zerlumpter Kreter umringt, die mich verwundert anstarrten, weil ich ganz allein unterwegs war und ihre Sprache nicht verstand. Ihren finsteren Blicken nach schien es sich um ein barbarisches und unzivilisiertes Volk zu handeln.*[22] Eine Bestätigung für die Hypothese, dass man Zeitreisen niemals allein unternehmen sollte. Außerdem weist Lithgow darauf hin, dass die kretischen Bergstämme (wahrscheinlich meint er damit die Sfakioten) *als grausam, blutrünstig und verschlagen gelten.*[23]

Auch während seines Aufenthalts in Chaniá, wo er im Kloster San Salvatore einen Schlafplatz fand, kam Lithgow kaum zur Ruhe. Mit List befreite er einen französischen Galeerensträfling und geriet dabei in Konflikt mit der Schiffsbesatzung. In der Nähe des Marktplatzes entwickelte sich eine regelrechte Straßenschlacht. Auf der einen Seite standen die Schiffssoldaten, die den Galeerensträfling zurückholen wollten, auf der anderen Seite Lithgow und zwei englische Söldner in venezianischen Diensten, John Smith [sic!] und Thomas Hargrave. Zwei Schiffsoffiziere blieben verletzt liegen, Lithgow, Smith, Hargrave und der Galeerensträfling konnten entkommen. Auch in Iráklion, damals Candia, geriet Lithgow in wüste Raufhändel zwischen Einheiten der dortigen Garnison sowie zwischen Soldaten und Stadtbewohnern, weil: *Zur Zeit meines Besuchs gab es keinen Statthalter … sodass die Soldaten sich untereinander und gegen jeden, der ihnen in die Quere kam, blutig befehdeten und in den zehn Tagen meines Aufenthalts täglich vier bis fünf Männer in den Straßen getötet wurden.*[24] Niemals hatte Lithgow, wie er betont, *eine schlechter regierte Stadt gesehen, zumal ich mich selbst nur mit Mühe schützen konnte und zweimal mitten unter die Kämpfenden geriet.*[25] Überhaupt waren alle kretischen Männer, denen er begegnete, bis an die Zähne bewaffnet: Eisenhelm auf dem Kopf, Bogen in der Hand, Langschwert an der Seite, breiter Dolch vorne in der Leibbinde, Schild am Gürtel. Nicht schlecht.

Gab es auch Gutes zu berichten? Aber ja. Das *Tal von Suda* bezeichnet Lithgow als die *Perle Kretas* (*Diamond sparke of all Candi*), ja sogar als *Garten der Welt* (*garden of the whole Vniverse*), denn dort gab es Bäume mit Oliven, Granatäpfeln, Datteln, Feigen, Orangen, Zitronen und Limetten, dazwischen Weizen, Malvasier-, Muskateller- und Liatikotrauben, Melonen und weitere Sorten Obst und Gemüse. Mit dem *Tal von Suda* war wohl die fruchtbare Landschaft zwischen Kalýves und dem heutigen Georgioúpoli gemeint. Noch etwas: Kreter konnten gut singen: *Nach dem Essen sitzen Mann, Frau und Kind eine ganze Stunde beieinander und singen so wunderbar, dass es eine Freude ist zuzuhören, und sie legen großen Wert auf diese Tradition.*[26] Seine Unterkunftgeber in Chaniá, die Mönche des Klosters San Salvatore, schätzte Lithgow wegen ihrer *Geselligkeit.* Das bedeutete im konkreten Fall das allabendliche Besäufnis der Brüder mit Malvasierwein, an dem sich Lithgow – oft gegen seinen Willen, wie er betont – beteiligen musste. *Zu guter Letzt waren alle sturzbetrunken … und schliefen auf der Tischplatte oder dem harten Boden, weil sie so voll waren, dass sie den Weg in ihre Kammern nicht mehr fanden und an Ort und Stelle ihren Rausch ausschliefen.*[27] Klingt ein wenig nach *all inclusive* in Mália.

Fast alle bisher genannten Reisenden haben übrigens das sogenannte Labyrinth von Ambeloúzos besucht oder standen zumindest vor seinem Eingang. Das weitverzweigte und planlos in einen Hügel gegrabene Höhlensystem in der Nähe von Górtyna diente in der Antike und noch früher als Steinbruch für Paläste, Villen und andere Bauten. Irgendwann im Mittelalter (genauer geht es leider nicht) schienen die künstlich angelegten Gänge wiederentdeckt worden zu sein. Die alten Geschichten von Theseus, Ariadne und dem Minotaurus beflügelten die Fantasie der Nachgeborenen, die in den Höhlen von Ambeloúzos das echte und einzige Minotaurus-Labyrinth sahen. Ab der Venezianerzeit und spätestens ab 1400 entwickelte sich das Gangsystem zum ersten und für lange Zeit einzigen Tourismus*hotspot* auf Kreta. Franz Wilhelm Sieber hielt sich 1817 zu seiner Vermessung sogar drei Tage im Labyrinth auf und fertigte eine erstaunlich genaue Karte der verzweigten Gänge an. Tournefort und seine Begleiter machten sich am 1. Juli 1700 mit Wachsfackeln auf, das Labyrinth zu erforschen. Um sich nicht zu verirren, wurden bei Verzweigungen und Krümmungen Zettel mit Nummern an die Wände geklebt, die begleitenden Kreter legten Dornengestrüpp und Spreu als Wegmarken aus. In einem zu einem Saal erweiterten Raum hatten sich zahlreiche Besucher mit Namen und Jahr ihres Besuchs verewigt. Die älteste von Tournefort gefundene Jahreszahl lautete 1444 (es gibt sie bis heute). Selbst schrieb er mit einem Rötelstift gleich dreimal die Jahreszahl 1700 an die Wand. Und William Lithgow 1609? Klar war auch er dort und natürlich hätte er das Labyrinth gern näher in Augenschein genommen, aber da er keine Lampe dabeihatte, getraute er sich nicht hineinzugehen, denn: *Im Inneren gibt es viele Löcher, und wenn man stolpert und hinfällt, kann man nicht mehr geborgen werden.*[28] Sehr vernünftig.

Womit wir bei den Touristen des 15. und 16. Jahrhunderts angelangt wären. Für diese spielte bei ihrem Kretaaufenthalt der Besuch des Labyrinths eine zentrale Rolle. Auf den Landkarten jener Zeit hat das Labyrinth von Ambeloúzos seinen fixen und festen Platz. Es herrschte gerade Humanismus, die Antike erlebte eine Wiedergeburt und wurde in ihren Trümmern neu entdeckt. Das Interesse der Reisenden lag jetzt in der Suche und dem Finden von antiken Relikten wie Säulen, Statuen und Gebäuderesten, die von der großen griechischen und römischen Vergangenheit zeugten. Bei den Touristen handelt es sich meist um Italiener, beseelt von der Erhabenheit einer untergegangenen Epoche, aber ebenso angetrieben von der Suche nach alten Schätzen. Der erste dieser Antikenforscher war der Mönch Cristoforo Buondelmonti (1386 bis ca. 1430), der uns sogar zwei schöne Kreta-Landkarten und einen Plan des Labyrinths hinterließ. Bruder Cristoforo bereiste die Insel in den Jahren 1415, 1417 und 1418. Sein besonderes Augenmerk richtete er auf die Baurelikte der Antike, die zu seiner Zeit – obwohl geborsten, verfallen und überwuchert – noch viele Teile der kretischen Landschaft prägten. Beim antiken Ierápetra schien es sich damals um eine richtige Ruinenstadt gehandelt zu haben. Betrübt musste Buondelmonti feststellen, dass sich die einheimische Bevölkerung um das alte Zeug überhaupt nicht scherte. Überall auf der Insel sah er antike Gebäudeteile umfunktioniert, die nun als Getreidekästen oder Schweineställe dienten. In Fínikas, dem alten Foínix bei Loutró, fand er zwischen umgestürzten Säulen Sarkophage aus weißem Marmor, *aus denen die Schweine ihre Gerste fraßen, wobei sie ringsherum die schönsten Skulpturen beschädigten.*[29] Als Buondelmonti einmal die Reste eines Fußbodenmosaiks entdeckte und die von einem Weingarten überwachsenen Teile ausgraben wollte, wurde er vom Besitzer des Weingartens daran gehindert, angeblich mit den Worten: *quia non nobis talia necesse sunt*, was so viel heißt wie *weil für uns solche (Sachen) nicht notwendig sind.*[30] Trotz seiner Hinwendung zu antiken Säulen, Statuen und Inschriften beschreibt Buondelmonti doch auch Landschaften und die Früchte, die hier gediehen. In Léntas erkannte er den benachbarten Hügel als (kopflosen) auf den Pfoten sitzenden Löwen und den Gioúchtas sah er wie üblich als liegenden Kopf und stellte davon eine illustre Zeichnung her.

Auf Boundelmontis Spuren wandelte einige Zeit später Cyriacus von Ancona (1391 bis 1452). Cyriacus war Kaufmann und Altertumswissenschaftler, der auf seinen Reisen in die alte griechische Welt Beruf und Berufung gut zu verbinden wusste. Unermüdlich war Cyriacus in Sachen Klassische Antike unterwegs, schrieb, zeichnete, dokumentierte, kaufte, verkaufte. Auf der Suche nach Artefakten der antiken Vergangenheit hatte er Buondelmontis Schriften als Reiseunterlage bei sich. *Numquam enim quiescit Kyriacus,*[31] stellte der Humanist und Cyriacus' Freund Francesco Filelfo fest:

Denn niemals ruht und rastet Kyriacus. Auf Kreta, das er 1445 bereiste, war er unter anderem bei den Ruinen von Lýttos, Ierápetra, Láppa, Foínix, Górtyna, in der Melidóni-Höhle und natürlich im Labyrinth. Bei der Identifizierung der antiken Stadt Polyrrhínia hat sich Cyriacus leider vertan und glaubte sie bei Anópoli entdeckt zu haben.

Alle diejenigen, die noch früher die Insel besuchten, ihre Eindrücke schriftlich festhielten und deren Aufzeichnungen auf wundersame Weise erhalten geblieben sind, lassen sich an einer Hand abzählen. Einer davon ist der irische Franziskanermönch Symon Semeonis, der sich 1323 mit seinem Mitbruder Hugo Illuminator (welch ein Name!) zu einer Pilgerreise ins Heilige Land aufmachte. Semeonis schwärmt von den Produkten der Insel: Wein, Honig, Käse, Melonen, Feigen, Zitronen und Granatäpfel. Er ist davon beeindruckt, dass Chaniá *von einem herrlichen Zypressenwald umgeben ist, in dem Bäume von wunderbarer Höhe zu finden sind, die wie die Libanon-Zeder sowohl Türme als auch Kirchtürme an Höhe übertreffen.*[32] Eher seltsam und daher für ihn erwähnenswert findet er den Brauch, dass venezianische Frauen, die zu Witwen geworden sind, ihr gesamtes restliches Leben trauern müssen, dabei ihr Gesicht verhüllen und die Nähe von Männern meiden. Auf einer Hochebene (Lasíthi?) lebten zu Semeonis Zeit angeblich 10.000 Griechen, über die ein gewisser Alexius herrschte.[33] Interessant findet der Ire das Zusammentreffen mit einer Gruppe von Menschen, die nach orthodoxem Ritus lebte, ständig unterwegs war, in kleinen, länglichen, niedrigen und schwarzen Zelten wohnte, angeblich von Abels Bruder Kain abstammte und von der er keinen Namen wusste. Ohne es zu wissen, berichtet Semeonis, dass bereits im Jahr 1323 Menschen auf Kreta lebten, die man als Γύφτοι oder Αθίγγανοι bezeichnete und die im Deutschen viele Jahrhunderte und noch weit bis in unsere Zeit Zigeuner hießen. Das Labyrinth ließ der fromme Ire unerwähnt, wahrscheinlich hatte der Tourismus dorthin noch nicht eingesetzt.

Und heute? Die uniformierten Besatzer des 20. Jahrhunderts läutete das endgültige Ende des Labyrinthtourismus ein:

Die deutsche Wehrmacht verwendete die weitläufigen Gänge als Munitionsdepot und sprengte nach ihrem Abzug aus der Messará-Ebene einen Teil des unterirdischen Systems. Seither ranken sich neue Geschichten um den Ort, dessen erhalten gebliebenen Teile heute verschlossen und nicht zugänglich sind. Wenigstes gibt es einen Zugang via Internet. Thomas M. Waldmann aus der Schweiz setzt sich seit 1997 eingehend mit dem Labyrinth auseinander. Die Ergebnisse seiner Forschungen und noch mehr sind unter www.labyrinthos.ch abrufbar. Hier offenbart sich ein spannendes und weitgehend vergessenes Kapitel kretischer Geschichte. Bitte anklicken!

Tja, jetzt sind wir von unserem eigentlichen Thema Touristische Vorfahren etwas abgekommen. Außerdem ging der Faden verloren. Das hat man nun davon, wenn man sich ins Labyrinth begibt, auch wenn es das falsche ist.

Belagerungszeit: 21 Jahre

Die Eroberung Kretas durch das Osmanische Reich begann 1645 und war nach etwa drei Jahren so gut wie abgeschlossen. Lediglich die Hauptstadt Iráklion, damals Candia, wehrte sich verzweifelt gegen die Attacken der Türken und hielt dank ihres Befestigungssystems sämtlichen Erstürmungsversuchen jahrelang stand. Die Belagerung Iráklions sollte zur längsten der Geschichte werden.

Iráklion, die Hauptstadt Kretas, vermittelt in weiten Teilen einen nervösen und lauten Eindruck. Die viertgrößte Stadt Griechenlands mit ihren fast 200.000 Einwohnerinnen und Einwohnern wuchert immer weiter ins Umland hinaus, während die historische Stadt – umgeben von den venezianischen Befestigungsanlagen – heute nur noch einen Bruchteil der bebauten Fläche ausmacht. Die weitgehend erhaltenen Stadtmauern sind das markanteste Monument Iráklions und teilen die Stadt in ein Innen und Außen. Aber erst bei einem Spaziergang entlang des Mauerwerks oder auf seiner breiten Krone wird man sich des festungstechnischen Gigantismus bewusst, der von den Venezianern hier einst betrieben wurde. Tagsüber ist man als Tourist weitgehend allein auf weiter Flur, wenn man sich zum Beispiel die Mühe macht, die Grabstätte von Níkos Kanzantzákis und seiner Frau Eléni auf der Martinengo-Bastion aufzusuchen. Erst gegen Abend hin belebt sich die Szenerie. Hier kicken die Fußballbegeisterten und lauschen die Kulturbewegten, die einen auf den Sportplätzen, die anderen in einer der Freiluftbühnen, hier wechseln verbotene Substanzen ihre Besitzer und sprayen Sprayer die allerallerletzten freien Flächen mit Graffiti und Manifesten von unterschiedlicher Qualität zu. Und hier heroben erhält man ein gewisses Gefühl für den immensen Aufwand, den die Republik Venedig betrieben hat, um die Stadt in eine uneinnehmbare Festung zu verwandeln. Rein zeitlich gesehen hat sich diese Investition ausgezahlt. Immerhin dauerten die Belagerung und die Eroberungsversuche der Türken ganze einundzwanzig Jahre, vom Mai 1648 bis September 1669, mehr als doppelt so lang als die Griechen vor Troja lagen. Es handelt sich dabei um die längste bekannte Belagerung, die weltweit jemals stattgefunden hat.

Kreta war über 400 Jahre lang Bestandteil des mediterranen Handelsimperiums der Republik Venedig. Vom frühen 13. bis ins 17. Jahrhundert galt die Insel – die Venezianer nannten sie Candia – als die wichtigste Besitzung der Lagunenstadt im östlichen Mittelmeer. Das heutige Iráklion hieß ebenfalls Candia, was bei geschichtlichen Rückblicken gelegentlich etwas Verwirrung stiften kann. Überhaupt trug die Stadt bereits viele Namen: Candia war eine Ableitung von Chándax oder Chándaka, so nannten die Griechen die Stadt. Diese hatten die Bezeichnung aus der arabischen Periode Kretas im 9. und 10. Jahrhundert übernommen. Ziemlich international also. Zudem bürgerte sich bei den Griechen der Begriff Kástro oder Megálo Kástro (große Burg) ein. Die Türken nannten die Stadt Kandiye. All diese Namen waren bis nach 1900 in Verwendung, in manchen deutschsprachigen Zeitungen war bis in die 1930er Jahre von Cándia und Megalókastron zu lesen, wenn Iráklion gemeint war. Der heutige Name der Stadt ist ein Produkt der nationalen griechischen Wiedergeburt. Er wurde 1822 von einigen griechischen Intellektuellen aus dem Hut gezaubert und bezog sich auf einen antiken Hafenort, der im Herrschaftsbereich von Knossós lag und dessen genaue Lage heute nicht mehr bekannt ist. Den darauf folgenden Gelehrtenstreit über die passende Stadtbezeichnung entschieden die Befürworter von Iráklion für sich. Seither hieß und heißt die Stadt in der Übertragung Herakleion und Heraklion, offiziell schreibt sie sich Ηράκλειο und wird offiziell mit Irakleio transkribiert.

Aber zurück zu den Stadtmauern. Ab dem 15. Jahrhundert schickte sich das Osmanische Reich an, zur Supermacht des östlichen Mittelmeeres aufzusteigen. Es begann mit der

Erstürmung von Konstantinopel 1453 und damit verbunden dem ultimativen Ende des Oströmischen Reiches, und setzte sich mit der Eroberung großer Landstriche und vieler Inseln fort. Nacheinander gerieten die Peloponnes, Rhodos, Zypern und kleinere Inseln in der Ägäis unter türkische Herrschaft. Bereits kurz nach dem Fall Konstantinopels begannen die Venezianer, die Stadtmauern von Iráklion zu verstärken. Einige Jahrzehnte später wurde die Stadt nach den Plänen des Veroneser Festungsbaumeisters Michele Sanmicheli zu einer uneinnehmbaren Festung ausgebaut. Es dauerte Jahre und bedurfte umfangreicher Frondienste der kretischen Bevölkerung, bis das Werk vollendet war.

In der Zeit nach 1600 war sich die Handels- und Kolonialmacht Venedig darüber im Klaren, dass Kreta ein hochgefährdeter Besitz war und das Osmanische Reich in absehbarer Zeit einen Eroberungsversuch starten würde. Die Frage war nur, wann. Die Situation ähnelte jener vor Ausbruch des Ersten Weltkriegs: Alle europäischen Mächte gingen davon aus, dass über kurz oder lang ein kontinentaler Krieg ausbrechen würde, aber niemand kannte Zeitpunkt und Anlass.

Wie dürfen wir uns das Mittelmeer und dessen Nutzung in der ersten Hälfte des 17. Jahrhunderts vorstellen? Auf jeden Fall war es nicht – so wie für Europas Menschen heute – ein Freizeitbassin für Jachten, Segelboote und aufblasbare Einhörner, sondern eher im Gegenteil ein ziemlich raues und gefährliches Gewässer, in dem Piraterie gang und gäbe war. Die mediterrane Welt war damals praktisch zweigeteilt. Im östlichen Mittelmeer hatte das Osmanische Reich das Sagen, den westlichen Teil dominierte die christliche Seefahrt. Gegenseitig machte man sich die Schifffahrt, den Handel und das Leben schwer. Das Osmanische Reich befand sich nach wie vor auf einem aggressiven Expansionskurs und Kreta als letzter größerer Besitz Venedigs im östlichen Mittelmeer lag für die eroberungsfreudigen Osmanen quasi auf dem Präsentierteller.

Als weiteren *player* in diesem traurigen Schaustück mediterraner Geschichte gab es die sogenannten *Barbaresken-staaten* in Nordafrika, konkret Algier, Tunis und Tripolis, wo der Sklavenhandel stark vertreten war. Bei ihren Überfällen auf europäische Schiffe und Küstenlandstriche ging es den *Barbareskenpiraten* in erster Linie um Menschenraub. 1638 drang eine nordafrikanische Korsarenflotte sogar in die Adria ein und fand im osmanischen Valona (heute Vlora in Albanien) einen vermeintlich sicheren Hafen. Doch dann segelten und ruderten die Venezianer heran, schossen fünfzehn Piratengaleeren zusammen und befreiten 3.600 christliche Rudersklaven. Die gefangengenommenen Piraten ketteten sie an die Ruderbänke der eigenen Schiffe. Diese Aktion hat den Türken gar nicht gefallen. In Konstantinopel mehrten sich die Stimmen, dass man gegen Venedig in den Krieg ziehen sollte. Die Ritter des Johanniterordens waren ebenfalls nicht untätig. In alter Kreuzrittertradition gingen sie von Malta, über das sie seit 1530 herrschten, auf Kaperfahrt und brachten muslimische Schiffe auf. In dieser heiklen und stets von Gewaltausbrüchen bedrohten politischen Konstellation versuchte Venedig gleichzeitig, seinen Handelsgeschäften im östlichen Mittelmeer nachzugehen.

Die Ordensritter waren es auch, die den unmittelbaren Anlass für eine Invasion auf Kreta schufen. Im September 1644 griffen ihre Galeeren einen türkischen Schiffskonvoi an. Dabei nahmen sie unter anderem eine hochgestellte Dame mit ihrem achtjährigen Sohn gefangen, von der es später hieß, dass sie aus dem Harem des Sultans stammte. In welcher Beziehung Dame und Sohn zum Sultan tatsächlich standen, ist nicht mehr nachzuvollziehen. Die Mutter starb bald krankheitsbedingt, der Sohn erhielt eine christliche Erziehung, wurde Priester und ging als Padre Ottomano in die Geschichte ein. Im Verlauf der Belagerung von Iráklion wird er uns noch einmal begegnen. Auf jeden Fall war die Hohe Pforte in Konstantinopel sehr verärgert. Weniger über die Johanniter, sondern mehr über Venedig, weil – angeblich – die maltesischen Schiffe mit ihrer Beute vor dem Hafen von Kalí Liménes (Kalismene) in Südkreta geankert haben.

Wie auch immer, die Zeichen standen jetzt auf Sturm und das Osmanische Reich rüstete sich zur Eroberung Kretas.

Ende April 1645 verließ eine riesige Kriegsflotte die Hauptstadt des Osmanischen Reiches mit geheimem Ziel. Der venezianische Botschafter in Konstantinopel stand beim Abschied am Hafen, winkte und wünschte gute Fahrt. Die Flotte tingelte, misstrauisch beobachtet von venezianischen Schiffen und Stützpunkten, eine Zeitlang durch das östliche Mittelmeer und vereinigte sich schließlich mit einer weiteren Kriegsflotte, die von Nordafrika daher gesegelt kam. Gemeinsam nahm die Armada anschließend Kurs auf Westkreta. Als die Einwohner von Chaniá in der Nacht zum 23. Juni 1645 aufs Meer hinausblickten, sahen sie *in unendlicher Folge mit tausend Lichtern die Feindesflotte* herankommen.[34] Das waren 450 Kriegs- und Transportschiffe, die sich anschickten, in der Bucht von Goniá, in der Nähe des heutigen Badestrandes von Kolimbári, 50.000 Mann an Land zu setzen. Die Invasion hatte begonnen.[35]

Die Venezianer als Herren der Insel konnten diesem geballten Aufmarsch wenig entgegensetzen. Chaniá besaß zwar ein halbwegs intaktes Befestigungssystem, aber viel zu wenig Soldaten für seine Verteidigung. In der Stadt waren 800 Söldner aus aller Herren Länder stationiert, daneben gab es noch eine schlecht ausgebildete 1.000 Mann starke Bürgermiliz. Venedig war ein Handelsstaat, hier regierte der Rechen- und Sparstift. Trotzdem gelang es der Stadtbesatzung fast zwei Monate lang, die anstürmenden Türken zurückzuschlagen. Am 18. August 1645 musste Chaniá schließlich doch vor der Übermacht kapitulieren. Ein Bote wurde ins türkische Feldlager geschickt, wo er die Stadtschlüssel übergab. Dafür bewirteten ihn die Türken mit Wein aus einer silbernen Kanne. Der türkische Oberbefehlshaber ließ die venezianische Besatzung und die Stadtbevölkerung mitsamt dem, was sie tragen konnten, ehrenvoll abziehen.

Auf dem Land gab es diese Großzügigkeit nicht. Hier wurde geplündert, niedergebrannt und getötet. Die Janitscharentruppen taten sich bei der Massakrierung der Landbevölkerung besonders hervor, obwohl es den Befehl gab, der kretischen Zivilbevölkerung nichts anzutun. Nachdem sich das osmanische Heer in Westkreta festgesetzt hatte, drang es langsam aber unaufhaltsam Richtung Osten vor. Etwas über ein Jahr nach der Besetzung von Chaniá musste am 13. November 1646 als nächste Stadt Réthymnon kapitulieren. Zuvor war noch schnell die Zivilbevölkerung der Stadt auf Schiffen evakuiert worden, diese fanden aber aus Angst vor der Pest nirgends sonst auf der Insel eine Aufnahme. Zerlumpt und dem Hungertod nahe irrten die Menschen auf der Insel umher, viele von ihnen fanden schließlich bei den türkischen Eroberern Zuflucht.

1647 bewegte sich die Hauptmacht des türkischen Heeres weiter nach Osten. Die Reiterei unternahm zahlreiche Streifzüge und verwüstete dabei große Teile der Insel. Da und dort gab es noch vereinzelt Widerstand, wie etwa rund um die Festung Témenos sechzehn Kilometer südlich von Iráklion. Der flämische Söldnerführer Gil De Haes eroberte mit seinen Mannen die von den Osmanen besetzte Festung zurück und tötete dabei alle türkischen Soldaten. Seit dieser Zeit hieß die Anlage in einer eher seltenen türkisch-italienischen Sprachkombination Kanli Kastelli, die Blutige Festung. Heute ist offiziell wieder der ursprüngliche Name Témenos in Verwendung. Im selben Jahr, als Gil de Haes für kurze Zeit die Festung Témenos zurückeroberte, erreichte die türkische Reiterei ganz im Osten die Stadt Sitía, konnte sie aber nicht erobern.

Kehren wir zum Ausgangspunkt der Ausführungen zurück. Die Belagerung Iráklions durch das osmanische Heer begann am 1. Mai 1648. Zu diesem Zeitpunkt waren nur noch die Städte Iráklion und Sitía sowie die Inselfestungen Soúda, Gramvoúsa und Spinalónga im Besitz Venedigs, der große Rest wurde mehr oder weniger von den Osmanen beherrscht.

Die ersten Sturmangriffe auf Iráklion scheiterten an den ausgedehnten Befestigungsanlagen und den 428 Kanonen der Stadt. Noch 1648 blieben vor den Mauern Iráklions über 20.000 türkische Soldaten liegen. Man ging daher zur reinen Belagerung über und versuchte mit anderen Methoden, die Stadt mürbe zu machen. Zum Beispiel indem man die Wasserleitung vom Berg Gioúchtas unterbrach. Das Zauberwort für die Kriegsparteien hieß Nachschub. Dieser war dringend notwendig, um die Kampfhandlungen aufrechterhalten zu können. In dieser Hinsicht waren die Venezianer im Vorteil. Dank ihrer Überlegenheit auf See konnten sie Iráklion vom Meer versorgen – mit Waffen, Munition, Material aller Art, Nahrungsmitteln und natürlich Soldaten, die sie auf dem europäischen Söldnermarkt anwarben. Das Ende des Dreißigjährigen Krieges kam Venedig dabei sehr gelegen. Die Söldnerheere waren arbeitslos und viele ließen sich zu neuen todbringenden Abenteuern anheuern. Auf der anderen Seite waren viele deutsche Kleinfürstentümer froh, die durchs Land ziehenden und marodierenden Haufen loszuwerden. Finanzielle Hilfe erhielt Venedig von Spanien, Frankreich und vom Papst. Gleichzeitig versuchten venezianische Galeeren mit einigem Erfolg, den Nachschub für das türkische Heer auf Kreta zu unterbinden, indem sie bei den Dardanellen die Ausfahrt aus Konstantinopel blockierten.

Die Auseinandersetzung um Iráklion entwickelte sich bald einmal zu einem eingefrorenen Konflikt, bei dem es zu keiner Entscheidung kam. Dem osmanischen Heer war es nicht möglich, die gut befestigte Stadt zu erobern, die Venezianer hielten nur mehr Iráklion und drei Inselfestungen, nachdem sie Sitía 1651 erst geräumt und anschließend gesprengt hatten. Kleinere Kampfhandlungen lieferte man sich nur in den Sommermonaten, im Winter ruhten die Waffen und wegen der Winterstürme waren auch kaum Versorgungsschiffe unterwegs. Dazu kam, dass das Osmanische Reich in Südosteuropa militärisch aktiv war und zugleich eine veritable innenpolitische Krise durchlebte. Innerhalb von nur acht Jahren wurden in Konstantinopel dreizehn Großwesire verschlissen.

Einmal noch wurde von den christlichen Mächten der Versuch unternommen, auf Kreta selbst in die Offensive zu treten. 1660 landete ein französisches Expeditionskorps unter dem Kommando des erst neunzehnjährigen Almerigo d'Este, Sohn des Herzogs von Modena, auf Kreta, in der Absicht, Chaniá zurückzuerobern. Die Aktion schlug fehl. Anschließend wollte die Truppe, verstärkt durch allerlei Söldner, den Belagerungsring von Iráklion sprengen. Nach der Erstürmung des türkischen Lagers war dieser Erfolg in dem Moment zu Ende, als die Soldaten statt zu kämpfen zu plündern begannen und den nun wieder anstürmenden Türken hilflos ausgeliefert waren. Almerigo segelte davon und starb bald darauf an Zehrfieber.

Wie lange dauerte es, bis auch der letzte Zipfel Kretas von den Türken unterworfen war? Monate? Jahre? Wie groß war der Widerstand, wie groß die Anpassung? Überliefert sind sowohl Aufrufe zu Guerillaaktionen gegen die Türken (Athanásios Christóforos und Gerásimos Vláchos) ebenso wie der geschlossene Übertritt von ganzen Dörfern zum Islam. Bekannt ist auch die bewusste Förderung der orthodoxen Kirche durch die Osmanen, ein geschickter Schachzug, um die bei den Kretern unbeliebte katholische Kirche der Venezianer kaltzustellen. Erwiesen ist auch ein eklatanter Bevölkerungsrückgang, hervorgerufen durch Krieg, Seuchen, Hungersnot und Flucht auf andere Inseln, auf das griechische Festland oder auf venezianisches Gebiet. Einer, der in drastischen Bildern die Situation der Bevölkerung zeichnete, war Marínos Tzánes Bounialís aus Réthymnon. In 14.000 Versen schildert er in seinem Epos *Der kretische Krieg* (Ο κρητικός πόλεμος, *O kritikós pólemos*) Not, Leid und Elend der Menschen.

Die Gesamtsituation änderte sich, als im Jahr 1661 – wir befinden uns bereits im 13. Belagerungsjahr – Achmed Köprülü zum Großwesir ernannt wurde. Drei Jahre später schlossen Sultan Mehmed IV. und Kaiser Leopold I. einen zwanzigjährigen Frieden, den sogenannten Frieden von Eisenburg. Die Hohe Pforte konnte nun zahlreiche Truppen vom Balkan abziehen und sich wieder verstärkt dem nach wie vor andauernden Krieg auf Kreta zuwenden. Achmed Köprülü war gewillt, die Eroberung Kretas zu Ende zu bringen und übernahm auf der Insel das Oberkommando. Ihm gegenüber stand Francesco Morosini als Oberbefehlshaber der Verteidiger. In ihren letzten drei Jahren entwickelte sich die Auseinandersetzung vom eingefrorenen Konflikt zu einer gigantischen Material- und

Propagandaschlacht, bei der – besonders auf osmanischer Seite – zahllose Menschen verheizt wurden. Köprülü ließ nichts unversucht und verband die Eroberung Iráklions mit seinem eigenen Schicksal. Venedig wiederum mobilisierte halb Europa, wo die Idee der mittelalterlichen Kreuzzüge neue Nahrung erhielt. Iráklion wurde in dieser Zeit zum Symbol des Kampfes Christentum gegen Islam (europäische Sichtweise) beziehungsweise Islam gegen Christentum (osmanische Sichtweise).

Der Großwesir wollte, wie man so schön sagt, mit aller Gewalt in den Besitz Iráklions gelangen. Im Frühjahr 1667 standen ihm dafür 70.000 Soldaten zur Verfügung. Tausende Hilfsarbeiter, deren Leben keinen Pfifferling wert war, bauten eine riesige Belagerungsanlage um die Stadt. Es entstanden kilometerweite verzweigte Laufgräben, in denen sich die türkischen Soldaten den Befestigungen nähern konnten. Innerhalb des Laufgrabensystems errichtete man regelrechte Feldlager. Die Stadt wurde täglich von der türkischen Artillerie beschossen. Munitionsnachschub für die Belagerer gab es übrigens durch englische und holländische Kaufleute. Krieg war immer auch ein gutes Geschäft. Im August 1667 gelang es der türkischen Artillerie schließlich, eine zehn Meter breite Bresche in die St. Andreas-Bastion zu schießen. Der darauffolgende Sturmangriff wurde aber zurückgeschlagen. Die Bastion ist heute nur noch zum Teil erhalten und wird an der *Ódos Efódou* von der breiten Küstenstraße durchschnitten.

Zu jedem richtigen Kriegsdrama gehört auch ein Verräter. Im Fall von Iráklion heißt er Andrea Barozzi, war ein venezianischer Militäringenieur und entstammte einer venezianischen Patrizierfamilie, die bereits seit dem 13. Jahrhundert auf Kreta ansässig war. Im November 1667 wechselte er die Seiten, instruierte die Türken über Schwachstellen im Verteidigungssystem und gab Ratschläge für den Minenkrieg unter der Erde. Sein Einsatz für die Sache der Osmanen machte sich bezahlt. Nach dem Ende der Kämpfe erhielt Barozzi vom Sultan die bereits vorher erwähnte Festung Kánli Kastélli (Témenos) und die Ländereien rundherum zum Geschenk. Venedig vergaß seinen Verrat nicht. 1682 wurde Barozzi im Auftrag der

Serenissima bei einem Karnevalsfest in der französischen Botschaft in Konstantinopel vergiftet.[36]

Die Kriegshandlungen wurden immer mehr unter die Erde verlegt. Die Türken gruben Stollen und versuchten, die Befestigungswerke von unten in die Luft zu sprengen. Eine Belagerungstaktik, die ein paar Jahre später auch bei der zweiten Türkenbelagerung von Wien angewandt wurde. Die Verteidiger trieben ihrerseits Stollen in die Erde, um die gegnerischen Schächte zu sprengen und zum Einsturz zu bringen. Zeitweise waren auf venezianischer Seite bis zu 3.000 Mann und zusätzlich 800 Wachposten für die Kämpfe unter der Erde abkommandiert. Durch die dauernden Angriffe war das stolze osmanische Heer Ende 1667 auf 20.000 Mann zusammengeschmolzen. Die Verteidigungsanlagen Iráklions erwiesen sich als zu ausgeklügelt und mächtig.

Nach den Wintermonaten 1667/68 waren die Verluste in den türkischen Reihen wieder aufgefüllt und im Juni 1668 ging die Belagerung in vollem Umfang weiter: über der Erde, unter der Erde, Sturmangriffe, Artilleriebeschuss. Großwesir Achmed Köprülü setzte alles ein, was ihm möglich war. Sein Gegenspieler Francesco Morosini hatte es mit den Verteidigungsmaßnahmen weniger leicht. Nicht nur, weil seine Mannstärke beschränkt und permanent unterbesetzt war, sondern auch aufgrund vieler Befehlshaber, die sich nichts dreinreden lassen wollten. Da halfen ihm auch sein scharfer Verstand und sein Organisationstalent nicht weiter, die Verteidigungsfähigkeit litt unter der Internationalität der Festungstruppen. Während das angreifende Heer der Osmanen einzig Achmed Köprülü gehorchte, waren die bewaffneten Einheiten der Verteidiger aufgesplittert wie die damalige europäische Landkarte. Neben zusammengewürfelten Söldnerhaufen mit Schweizern, Savoyarden, Deutschen und Franzosen, die Venedig selbst anwarb, schickten auch europäische Fürsten einige Kontingente nach Kreta. Zwischen 1667 und 1669 kamen Truppen und Trüppchen zwischen 200 und 6.000 Mann nach Iráklion, unter anderem aus Frankreich, Braunschweig-Lüneburg, Bayern, Köln, Mainz und

Straßburg, weiters gingen Soldaten unter päpstlichem und kaiserlichem Banner an Land.

Der Kreuzzugcharakter, den die Verteidigung Iráklions annahm, lockte ein neues Abenteurerpublikum nach Kreta. Insbesondere französische Edelleute verlangten nach der Erregung eines tollkühnen Waffenganges. Auf diese Weise entstand eine Art Kriegstourismus für ungestüme Männer aus der französischen Aristokratie, die etwas wirklich Spannendes erleben wollten, mit dem sie daheim dann angeben konnten. Die heldenmütige Kriegsbegeisterung des adeligen Jungvolks passte aber nicht zu den Anforderungen, die der Festungskommandant stellte. Francesco Morosini benötigte eine widerstandsfähige Besatzung, die auf Verteidigung trainiert war, während die Franzosen das offene kurze Gefecht suchten, um vor aller Augen *parfümiert, mit Spitzen geschmückt und ein Scherzwort auf den Lippen*[37] glanzvoll zu brillieren. Das Ambiente darf man sich durchaus so vorstellen, wie man es in diversen Musketierfilmen zu sehen bekommt.

Im Juni 1668 etwa traf Alexander du Puy-Montbrun, Marquis de St. André, ein General in venezianischen Diensten, in Iráklion ein, im Schlepptau fünfzig französische Adelige, die es dem Feind unbedingt zeigen wollten und gleichzeitig auf viel Beute aus waren. Ein weiterer Anführer mit klingendem Namen war François d'Aubusson de La Feuillade, der Anfang November 1668 mit 800 Söldnern und 450 freiwilligen Abenteurern ankam. Gegen den Willen Francesco Morosinis unternahm er einen Ausfall, der seinen Wagemut, seine Furchtlosigkeit und sein Draufgängertum unter Beweis stellen sollten. Mit seinen 450 Chevaliers, jeder begleitet von einem Diener, drang er in den Belagerungsring der Osmanen ein. Dieses Bravourstück brachte für 210 Kavaliere den schnellen Tod, 50 weitere erlagen nach dem Rückzug ihren Verletzungen. Die Verluste bei den Dienern sind nicht überliefert. Großwesir Köprülü ließ die Häupter der gefallenen Feinde vor seinem Zelt aufstecken, der schönste Kopf war jener des Marquis d'Oradour mit wallendem Blondhaar. Die überlebenden Helden wollten schnell wieder heim, am dritten Tag des neuen Jahres 1669 war Abreise.

Noch so eine tragische Barockfigur war Francois de Vendome, Herzog von Beaufort. Er galt als Abenteurer und Haudegen und traf mit einem 6.000 Mann starken französischem Hilfskontingent unter Führung von Philippe de Montaut-Bénac, Herzog von Navailles, ein. Auch diese Truppe unternahm gegen den Willen Morosinis einen Ausfall in die türkischen Stellungen. Navailles und seine Männer drangen zunächst in einem Überraschungsangriff erfolgreich in die Laufgräben ein, machten dabei zahlreiche Feinde nieder und konnten 32 türkische Geschütze erobern. Als die restlichen türkischen Soldaten davonliefen, gingen die Angreifer sofort zur Plünderung über. Einer der Franzosen entzündete dabei in einem Laufgraben unabsichtlich einen Pulvervorrat, es kam zur Explosion, diese führte zu Panik. Der türkische Gegenangriff besorgte den Rest. Navailles wurde das Pferd unter dem Sattel weggeschossen, er musste zu Fuß flüchten. Der Herzog von Beaufort wurde seinem Ruf als Haudegen gerecht und verschwand auf Nimmerwiedersehen im Pulverrauch und Schlachtenchaos. Bei dem nach jedem Waffengang üblichen Einsammeln der Gefallenen war die Leiche Beauforts nicht auffindbar. Eine höfliche Anfrage beim Gegner blieb erfolglos, auch er wusste nichts über den Verbleib Beauforts. Trotzdem gab man nicht auf und schickte einen Unterhändler hinüber ins türkische Feldlager. Achmed Köprülü hatte offenbar Verständnis für die Suche nach dem Leichnam und zeigte sich auf seine Art hilfsbereit. Vor den Augen des französischen Unterhändlers ließ er fünf große Säcke ausschütten, die mit abgeschnittenen eingesalzenen Köpfen gefüllt waren. Beauforts Kopf war nicht dabei. Francois de Vendome, Herzog von Beaufort, hatte sich in Luft aufgelöst. Dieser Umstand gab später Anlass zu allerlei Geschichten und Mythen um seine Person.

Eine seltsame Episode ist der Aufenthalt von Padre Ottomano in Iráklion, jenem angeblichen Sohn von Sultan Ibrahim I. und Bruder des regierenden Sultans Mehmed IV., der 1644 von den maltesischen Ordensrittern gefangengenommen worden war und später Mitglied des Dominikanerordens wurde.[38] Verkürzt gesagt war es die Idee von Papst Klemens IX., den türkischen Dominikanerpater im Kampf um Iráklion politisch einzusetzen und durch die Anwesenheit des Thronprätendenten das osmanische Heer vor den Mauern der Stadt zum Überlaufen zu bewegen. Eine ziemlich naive Vorstellung. Im August 1668 kam er auf einer Galeere der päpstlichen Flotte in Iráklion an. Als erstes wurden Briefe an den Großwesir, den Großadmiral und türkische Generäle geschickt, in denen sich der Padre als ältester Bruder von Sultan Mehmed IV. und als wahrer Thronfolger vorstellte. Wirkung: null. Dann wurden Mitteilungen über seine Person und Stellung in der osmanischen Herrscherfamilie mittels Armbrustbolzen in die türkischen Stellungen geschossen und die Soldaten aufgefordert, den Gehorsam zu verweigern und zu desertieren. Wirkung: ebenfalls null. Nach drei Monaten verabschiedete sich Padre Ottomano in Richtung Zakynthos.

Im Sommer 1669 ging der Kretische Krieg langsam seinem Ende entgegen. Iráklion befand sich im einundzwanzigsten Jahr der Belagerung und im vierundzwanzigsten Jahr seit der Landung der osmanischen Invasionsarmee auf Kreta. Die Stadt war zusammengeschossen, die Festungswälle hatten besonders an der Meeresseite im Nordwesten und Nordosten so viel abbekommen, dass sie demnächst gestürmt werden konnten. Krankheiten und wachsender Pessimismus unter der dezimierten Mannschaft senkten sowohl die Verteidigungsmöglichkeiten als auch die Verteidigungsbereitschaft, und Achmed Köprülü wollte endlich, endlich diesen Stachel im Fleisch der osmanischen Unbesiegbarkeit entfernt wissen.

Einen letzten barocken Höhepunkt in diesem Kriegsdrama bildete die Beschießung der türkischen Belagerungsstellungen vom Meer aus. Nach dem Eintreffen einer päpstlichen Hilfsflotte in den ersten Julitagen 1669 wurde nach langem Hin und Her beschlossen, einen Flottenangriff auf die türkischen Stellungen vor der St. Andreas-Bastion zu unternehmen. Was folgte, war ein als großes Barocktheater inszeniertes Militärspektakel. Am frühen Morgen des 23. Juli wurden 58 Schiffe auf ihre Positionen gezogen, um 7 Uhr eröffneten sie das Feuer. An der Spitze der Flotte befand sich das päpstliche

Schiff *Capitana* mit dem Banner des heiligen Kreuzes und der Inschrift *dissipentur omnes inimici eius* in Anlehnung an ein Bibelzitat: *Alle seine (nämlich Gottes) Feinde sollen zerstreut werden*. Alsdann: Aus über tausend Kanonen flogen die Kugeln in den Belagerungsring hinein. Zielen war bald nicht mehr möglich, da sich über die Schiffe ein Nebel aus Pulverdampf gelegt hatte. Trotzdem wurde drei Stunden lang in Richtung der türkischen Stellungen geballert. Den Knalleffekt der Vorstellung bildete um 10 Uhr die Explosion der Pulverkammer auf dem französischen Linienschiff *Thérèse*. Aus dem sinkenden Schiff konnten nur sieben Mann gerettet werden, die Beschießung wurde daraufhin abgebrochen. Dreihundert Jahre später wurde das Wrack der *Thérèse* vom griechischen Hobbytaucher Manólis Voutsalás entdeckt und vom französischen Berufstaucher Jaques Cousteau identifiziert.

Die Verteidiger der Stadt wussten, dass es zu Ende ging und die Ratten verließen das sinkende Schiff: Zuerst beschloss überstürzt der Herzog von Navailles, heimzusegeln. Der Abgang verlief so hastig, dass bei der Einschiffung sechzig Personen ertranken. Bald darauf verließen die maltesischen Ordensritter die Stadt, gefolgt von den savoyardischen Söldnern. Unter diesen tristen Umständen entschied sich Morosini zur Kapitulation. Sich seiner hoffnungslosen Lage bewusst, signalisierte er ohne Rücksprache mit Venedig die Bereitschaft zur Übergabe Iráklions an die Türken. Die Verhandlungen dauerten von 28. August bis 6. September 1669 und fanden in einem von den Türken errichteten prachtvollen Zelt vor den Toren der Festung statt. Achmed Köprülü rühmte die Tapferkeit seiner Gegner und ließ während der Verhandlungen täglich Erfrischungen in die Stadt bringen. Die Kapitulationsbedingungen wurden in einem 17 Punkte umfassenden Übergabevertrag niedergeschrieben und waren mehr als nobel: Alle Soldaten und Einwohner durften die Stadt mitsamt ihren Habseligkeiten und kirchlichen Heiligtümern unversehrt verlassen, Militärangehörige zusätzlich mit fliegenden Fahnen und Handwaffen. Einer der abziehenden Militärs, Graf Heinrich Ulrich von Kielmansegg, nahm das Gnadenbild

Maria Candia nach Wien mit, wo es heute den Hochaltar der dortigen Michaelerkirche ziert.

Für den Abzug wurde ein Zeitraum von zwölf Tagen gewährt. 3.754 Mann Besatzung (inklusive Kranke und Hilfskräfte) sowie 4.000 Zivilpersonen zogen ab, als letzter verließ der württembergische Söldnerführer Christoph von Degenfeld die Stadt. Die vierzig Schlüssel der Stadt wurden Köprülü in einer silbernen Schüssel serviert, der Überbringer erhielt dafür von Köprülü eine Weste aus Zobelfell sowie 500 Goldzechinen zum Geschenk. Zurück blieben laut Chronik *zwei Griechische Geistliche, ein Weib und drei Juden.*[39]

Die entsetzlichen Grausamkeiten, die im Zuge von Kriegshandlungen begangen werden (je länger ein Krieg, umso größer die Verrohung und umso weniger der Wert eines Menschenlebens), verblassen mit fortschreitenden Jahren, werden schließlich vergessen, weil sie vergessen werden wollen. Und wenn die letzten Beteiligten und Zeugen verstorben sind, ist alles nur noch Vergangenheit. Der Erste Weltkrieg ist für eine kollektive Erinnerungskultur aus heutiger Sicht fast schon zu weit weg. Und alles, was davor war, sowieso. Die Vernichtungsfeldzüge der Balkankriege? (War da etwas?) Die „Kollateralschäden" der Koalitionskriege? (Wann waren denn die?) Die Ausrottung ganzer Landstriche während des Dreißigjährigen Krieges? (Schnee von gestern?) Auf welche Weise die Zivilbevölkerung während der Eroberung Kretas zum Handkuss gekommen ist, lässt sich nur erahnen.

Wie viele Menschenleben hat die Belagerung gekostet? Darüber weiß man halbwegs Bescheid. Von den Verteidigern verloren etwa 30.000 Menschen ihr Leben, wobei ein Gutteil der Soldaten an Krankheit und Seuchen zugrunde ging. Die Verluste des osmanischen Heeres waren weit höher: Hier starben rund 120.000 Menschen. Hinter den dürren Zahlen verstecken sich aber zahlreiche Einzeltragödien. Zumindest auf venezianischer Seite sind die Belagerung und ihre Auswirkungen auf die Menschen sehr gut dokumentiert. Insbesondere die letzten Jahre müssen für das Gros der Belagerten furchtbar gewesen sein. Die einfachen Soldaten hausten in irgendwelchen Erdlöchern und zerschossenen Ruinen. Jene, die sich im Kampf verletzt hatten, besaßen aufgrund der fehlenden medizinischen Versorgung und mangelnden Hygiene kaum eine Überlebenschance. Immer wieder brachen Seuchen aus, Skorbut und andere Mangelkrankheiten waren Teil des Alltags. Und wer Hunger litt, der aß, was er kriegen konnte. Ratten und Mäuse standen innerhalb der Festungsmauern so lange hoch im Kurs, bis es keine mehr gab. Dann mussten zur Hungerstillung auch einmal tote Türken herhalten. Es wird die Geschichte von einem Konstabler erzählt, der zwei toten türkischen Soldaten die Herzen herausschnitt und über dem Feuer briet. Tatsächlich musste der Verzehr von Menschenfleisch bei Todesstrafe verboten werden. Andere Verwendungen von Leichenteilen des Gegners dagegen wurden geduldet, wie etwa das Auslassen von Fett, das sogenannte *Türkenschmalz*, das zum Einreiben der Füße diente, sowie die Verarbeitung der Haut zu Lederschnüren. Mit barockem Prunk hatte das alles nichts zu tun, was nicht heißt, dass er nicht existierte. Prunk war schon da, wenn auch zwei Etagen höher: *Während die Gemeinen verroht, hungrig und krank in Löchern aushielten, feierten die hohen Offiziere in der Stadt bei jeder Gelegenheit große Gelage. Die Regimentsmusiker spielten zu Wein und Braten auf, und die Generäle und Admirale waren mit ihren verletzten Eitelkeiten und Intrigen beschäftigt.*[40]

Die Belagerung war somit zu Ende und ging mit 21 Jahren als längste in die Geschichte ein. Als nach dem Abzug der Venezianer Großwesir Achmed Köprülü als erster in Iráklion einritt, fand er eine völlig ruinierte Festungsstadt vor, die jetzt ihm gehörte.

Es dauerte lange, bis sich die Stadt von diesem albtraumhaften Zeitabschnitt erholt hatte. Der französische Botaniker Joseph Pitton de Tournefort (1656 bis 1708) hielt sich 31 Jahre nach dem Herrschaftswechsel in Iráklion auf und bezeichnete die Stadt als *Gerippe* und *Wüsteney* mit einem Marktplatz als einzig belebten Ort, während *der übrige Theil … aus lauter verfallenen Gebäuden* bestand.[41]

Napoleon und Madame Hortense in Ierápetra, aber nicht gemeinsam und auch nicht zur selben Zeit

Die Übernachtung Napoleons in Ierápetra zählt zu den bisher stark vernachlässigten Ereignissen der Weltgeschichte, ebenso wie der Umstand, dass Adeline Guitar hier 28 Jahre ihres Lebens verbrachte. Napoleon kennt man, aber wer war Adeline Guitar?

Ierápetra an der Südküste Kretas war einmal eine bedeutende Stadt. Aber das ist schon lange her. Ihre beste und wohlhabendste Zeit erlebte sie vor rund 2.000 Jahren als Bestandteil des Römischen Reiches – damals hieß die Stadt Hierapytna. Soweit bekannt besaß sie einen rasterförmigen Aufbau mit Tempeln, Bädern, zwei Theatern und einem Amphitheater. Noch viele Jahrhunderte nach ihrer Blütezeit und ihrem Ende standen deren Überreste in der Gegend. Cristoforo Buondelmonti sah um 1417 zahlreiche große Gebäuderuinen sowie zerbrochene Säulen und Statuen, die in der Gegend herumlagen. Ende des 16. Jahrhunderts untersuchte Onorio Belli die beiden Theaterruinen und 1817 berichtet Franz Wilhelm Sieber über Säulen, die für den Hausbau Verwendung fanden und Kapitelle, die ausgehöhlt als Tröge dienten. In der venezianischen und osmanischen Ära dagegen präsentierte sich Ierápetra als ein bescheidenes Hafenstädtchen von überschaubarer Größe. Dieser Zeitraum hinterließ ein Kastell, eine Moschee, ein osmanisches Brunnenhaus und ein Minarett. Letzteres ist seit dem Erdbeben von 1953 nur mehr halb so hoch wie ursprünglich. Wer Ierápetra heute besucht, findet ein betriebsames modernes Küstenstädtchen mit 13.000 Einwohnern vor, in dem Tourismus nicht die erste Rolle spielt. Wer vermeintlich Großes nicht zu bieten hat, hält sich in puncto Sehenswürdigkeiten an vermeintlich kleine Dinge. Im Fall von Ierápetra heißt das: Ein nächtlicher Aufenthalt Napoleons ist durchaus einer Erwähnung wert.

Wer an der Uferpromenade *Stratigoú Samouíl* Richtung Kastell schlendert, stößt auf eine braune Kulturhinweistafel mit der Aufschrift: Σπίτι Ναπολέοντα *Napoleon's House*. Zur besseren Orientierung ist auf die Tafel mit einem roten Filzstift ein Pfeil nach rechts und der Hinweis *50 m* dazu gekritzelt worden. Folgt man der Pfeilrichtung auf der Hinweistafel, betritt man ein Gässchen namens *Napoleon* (das kann kein Zufall sein) und nach gefühlten dreißig Metern erreicht man ein altes steingemauertes Haus. Lange Zeit war es fest verschlossen, einen schriftlichen Hinweis suchte man vergebens, keine Klingel, keine Glocke, kein Türklopfer, kein Namensschild (Bonaparte?), nichts. Doch damit ist jetzt Schluss. Seit 2019 gehört das Haus der Stadtgemeinde und diese setzt einiges daran, dieses in eine touristische Sehenswürdigkeit umzugestalten. Heute erstrahlt die Fassade in glänzendem Weiß und neben der – während der Saison – zeitweilig offenen Eingangstür steht eine große, halb angelehnte Werbetafel, auf der eine typische Napoleonfigur in Uniform zu sehen ist.

Hier also hat der noch junge Korse, abgefüllt mit *rakí*, genächtigt. Die Geschichte von Napoleon in Ierápetra fand laut den meisten Überlieferungen am 26. und 27. Juni 1798 statt, einen Tag und eine Nacht. Die Erinnerung an die Begebenheit wurde über weite Strecken mündlich weitergegeben, was zur Folge hatte, dass diese eher kurze Episode eine schöne erzählerische Breite erhielt.

Als realer historischer Hintergrund für Napoleons Besuch dient sein Ägyptenfeldzug. Der General war im Mai 1798 mit einer aus über dreihundert Schiffen bestehenden Flotte von Toulon in Richtung Alexandria in See gestochen. Das ehrgeizige Ziel war die Eroberung Ägyptens. Der Feldzug dauerte von 1798 bis 1801, endete militärisch in einem Fiasko, gleichzeitig aber gelang durch die Auffindung des *Steins von Rosette* die Entzifferung der ägyptischen Hieroglyphen. Aber

1798 wusste das noch niemand. Auf der etwa vierzig Tage dauernden Anfahrt wurde die französische Flotte ständig von einem britischen Flottenverband unter Führung von Lord Nelson belauert. Von der Insel Malta kommend segelten die französischen Schiffe an der Südküste Kretas entlang, bevor sie nach Süden drehten und Ägypten ansteuerten.

Damit kommen wir nun zur napoleonischen Ierápetra-Episode. Die billigste, kürzeste und daher auch unwahrscheinlichste Variante lautet so: Am 26. Juni 1798 kam in Ierápetra ein Schiff an. Der Kapitän ging von Bord, nahm in Ierápetra einen Kaffee zu sich und bezahlte dafür zwei Para. Erst nachdem sich der Kapitän wieder auf sein Schiff verfügt hatte, verbreitete sich das Gerücht, dass es sich bei dieser Person um Napoleon gehandelt hätte.[42] Dazu kann man nur sagen: Die Geschichte ist viel zu nüchtern, besitzt viel zu wenig Ausschmückung, es kommt nicht einmal besagtes Haus vor, daher: völlig unglaubwürdig!

Aber vielleicht könnte es ja auch so gewesen sein: Im Mittelpunkt von Variante 2 steht weniger Napoleon als vielmehr ein gewisser Andréas Peroúlios. Gemeinsam mit anderen Stadtbewohnern beobachtete Peroúlios, wie sich dem Hafen ein Boot näherte, in dem sich der Offizier einer größeren Flotte befand, die weiter draußen im Meer ankerte. Der Offizier fragte nach einem Brunnen zum Wasserholen. Da Peroúlios der französischen Sprache mächtig war, konnte er ihm den Weg weisen. Außerdem freute er sich, dass der Offizier seine Einladung annahm, den Abend in seinem Haus zu verbringen und ihm Geschichten über seine Abenteuer zu erzählen. Der Abend wurde spät, es gab viel *rakí*, dazu *paximádia*, und der fremde Gast übernachtete schließlich im Haus des Peroúlios. Als der Hausherr am nächsten Tag erwachte und sich aus seiner Bettstatt erhob, um nach seinem Gast zu sehen, war dieser bereits verschwunden. Unter dem Geschirr versteckt entdeckte Peroúlios aber eine weiße Karte, auf der in einer ungewöhnlich sorgfältigen Handschrift zu lesen war: *Wenn Sie sich fragen, wer Ihr Besucher war, dann mögen Sie wissen, dass er Napoleon Bonaparte heißt.* Andréas Peroúlios behielt die hinterlassene Karte einige Jahre als Andenken, bis er sie 1811 einem französischen Kapitän verkaufte.[43] Seither ist die Karte und damit auch der schriftliche Beweis für die Anwesenheit Napoleons in Ierápetra verschollen. Schade.

Nun zu Variante 3: Ein französisches Schiff tauchte unvermutet vor Ierápetra auf, der Kapitän ging an Land. Da man ihn für einen hohen Herrn hielt, wurde er bei einer *Matrone* einquartiert, die als vornehm, schön, elegant und liebenswürdig beschrieben wird. Nach einer Übernachtung begab sich der fremde Herr unerkannt wieder an Bord des Schiffes und ließ der Matrone durch einen Diener ausrichten, dass sich unter dem Kopfpolster seines Bettes ein Brief befinde, den man dem französischen Konsul in Iráklion übergeben soll. Der Ehemann der Matrone begab sich tatsächlich nach Iráklion zum Konsul namens Loukákis. Dieser las den Brief und teilte dem Ehemann mit, dass es sich bei dem Gast um Napoleon Bonaparte höchstpersönlich gehandelt hat und er brieflich den Auftrag erteilte, den Gastgebern 25.000 Francs auszuzahlen. Gratulation! Wie verlief die Geschichte weiter? Die Eheleute lebten glücklich und zufrieden bis an ihr Lebensende. Napoleons Brief ging als Erbstück an einen Verwandten namens Fafoutákis. Dieser gab das Dokument an seinen Sohn weiter, der nach Frankreich ging, um in Paris und Lyon an einer Landwirtschaftsschule zu studieren. Von da an verliert sich die Spur des Briefes.[44] Es existiert aber auch die Version, dass Fafoutákis den Brief bei sich behalten hätte und nur vorgab, er sei mit seinem Sohn nach Frankreich gegangen.[45]

Aber da war noch das Fernrohr, das Napoleon der Matrone zum Geschenk gemacht hatte. Dieses sollte in den nächsten 99 Jahren mehrmals den Besitzer wechseln. Bei jeder Übergabe fiel die Anmerkung, dass es sich dabei um das Fernrohr Napoleons handelte. Schließlich erhielt es der spätere Präfekt von Iráklion, Emmánouil Lydákis, der es 1897 den kretischen Aufständischen in Archánes überließ, damit diese die Truppenbewegungen der osmanischen Armee beobachten konnten. Seither galt das gute Stück für lange Zeit als verschollen.[46] Inzwischen wurde es wiederentdeckt. Das als

Napoleons Fernrohr bezeichnete Teleskop wird heute in der Kirche Panagía Kerá in Archánes aufbewahrt.[47]

Variante 4: Als die französische Flotte im Juni 1798 auf Alexandria zusteuerte, soll sie aufgrund von starkem Nebel von ihrem Kurs abgekommen sein und sich Südkreta genähert haben. Auf der Suche nach Trinkwasser legte im Hafen von Ierápetra ein Boot an, in dem sich auch der unerkannte Napoleon befand, um die Stadt zu besichtigen. Er traf auf Andréas Peroúlios (bekannt aus Variante 2), der die französische Gruppe zum nächsten Brunnen führte und anschließend mit dem unerkannten Napoleon eine Stadtbesichtigung unternahm. Anschließend lud Peroúlios den Fremden noch zu sich nach Hause ein, wie es der kretischen Gastfreundschaft entsprach. Napoleon nahm die Einladung an. Im Haus des Peroúlios tranken sie viel *rakí* und aßen die von der Gastgeberin (Matrone?) zubereiteten *mezédes*. Es wurde spät, der Kopf wurde schwer und der fremde Gast übernachtete in Peroúlios' Haus. Am frühen Morgen war der Gast weg, ebenso sein Schiff. Unter dem Kopfpolster fand er einen Zettel. Da Peroúlios im Gegensatz zu Variante 2 der französischen Sprache *nicht* mächtig war, brachte er den Zettel zu einem Mann, der Französisch beherrschte und diesen übersetzte: *Wenn Sie sich fragen, wer Ihr Besucher war, dann mögen Sie wissen, dass er Napoleon Bonaparte heißt.* Was war das Schicksal dieser Notiz? Sie wurde der Tochter von Andréas Peroúlios, Eugénia, vermacht. Diese heiratete Andréas Fafoutákis, mit dem sie sieben Kinder hatte. Irgendwann übergab Fafoutákis das Papier einem französischen Diplomaten auf Kreta – und weg war es. Als Gegenleistung erhielten drei Söhne von Eugénia und Andréas ein Stipendium für ein Studium in Frankreich. Charalámbos und Grigóris studierten Medizin, Pétros besuchte die Landwirtschaftsschule in Paris. Grigóris wurde später Polizist in Lyon.[48]

Wir sehen, dass die Varianten 2, 3 und 4 gewisse Gemeinsamkeiten aufweisen. Es gibt als Hauptfigur einen gewissen Andréas Peroúlios (wobei man davon ausgehen kann, dass es sich bei der Matrone von Variante 3 um Frau Peroúliou handelt) und Verbindungen zu einer Familie Fafoutákis, die einen oder mehrere Söhne zum Studieren nach Frankreich schickt. Dass der Medizinstudent Grigóris schließlich in Lyon als Polizist wirkt, ist eine schöne aber wahrscheinlich unfreiwillige Pointe. Nach weiteren Varianten der Geschichte wird hoffentlich intensiv geforscht. Der Grund dafür, dass diese kleine Episode überhaupt eine breitere Öffentlichkeit erfuhr, liegt wahrscheinlich in der *social media*-Frühform Ansichtskarte. Der Buchhändler und Verleger Nikólaos Alikiótis aus Iráklion brachte um 1900 eine solche auf den Markt, die einen Teil des Hauses zeigt mit dem Hinweis, dass Napoleon hier übernachtet hat.[49] Die Ansichtskarte wurde vor allem von französischen Soldaten, die in dieser Zeit auf Kreta stationiert waren, als Souvenir erstanden. Und wen nun im Lauf dieser Geschichte der Hunger gepackt hat, kann praktischerweise gleich vorne an der Hafenpromenade im Restaurant *Napoleon* einkehren.

Die zweite prominente Person, die man mit Ierápetra in Verbindung bringen kann, heißt Adeline Guitar. Sie blieb in der Stadt nicht – wie Napoleon – einen halben Tag und eine Nacht, sondern achtundzwanzig Jahre. Die Französin betrieb von 1910 bis zu ihrem Tod 1938 ein Restaurant und ein Hotel und nannte es *Gallía*, um einen Bezug zum Land ihrer Geburt herzustellen. Es handelte sich dabei um das erste Hotel in Ierápetra überhaupt.

Unter ihrem richtigem Namen Adeline Guitar kennt die Dame eigentlich kein Mensch. Adeline war sozusagen die echte Madame Hortense, die Níkos Kazantzákis in *Alexis Sorbas* verewigt hatte und als Vorbild für die legendäre Romanfigur diente, jene *alternde Kokotte*, die in den Armen von Alexis Sorbas dahinschied. Im gleichnamigen Spielfilm erhielt Madame Hortense durch die Schauspielerin Lila Kedrova ein bleibendes Gesicht. Kazantzákis war der bekannteste aber beileibe nicht einzige Autor, der sich mit der Figur der Madame Hortense beschäftigte. Noch vor ihm hat sie der kretische Schriftsteller Pandélis Prevelákis in seinem Buch *Die Chronik einer Stadt* verewigt. Des Weiteren gibt es romanhaft gestaltete Biografien, in Buchform veröffentlichte Erinnerungen und in den 1980er Jahren entstand der griechische Spielfilm *Bordello*, der sich mit der Thematik auseinandersetzt.

Das Leben der Adeline Guitar, der echten Madame Hortense, schien für eine literarische Verarbeitung wie gemacht. Geboren 1863 in Toulon, Perpignan, Marseille oder Paris (Genaueres ist nicht bekannt), tauchte sie bereits in jungen Jahren in jene anrüchige Pariser Halbwelt ein, die uns Henri de Toulouse-Lautrec in seinen Bildwerken nahegebracht hat: Sängerinnen, Tänzerinnen, Unterhaltungsdamen, Prostituierte, alle leicht oder sehr leicht geschürzt. In diesem Milieu war Adeline zu Hause. Angeblich war es einer ihrer Kunden, der französische Admiral Edouard Pottier, der ihr den Namen Hortense gab und den sie seither als Künstlernamen verwendete. Pottier soll es auch gewesen sein, der sie dazu bewog, 1897 nach Chaniá zu gehen. Dort hatten sich gerade die Streitmächte von halb Europa versammelt, um den x-ten Aufstand und die Auseinandersetzungen zwischen der christlichen und muslimischen Bevölkerung unter Kontrolle zu bringen. Als Vertreter der französischen Kriegsmarine mit von der Partie: Edouard Pottier.

Madame Hortense ging also nach Chaniá und gemeinsam mit ihr kamen zahlreiche weitere Frauen aus dem Milieu, in der Hoffnung auf Abenteuer, Glück und Geld. In den Überlieferungen schwirrt eine Zahl zwischen 500 und 600 Betreuungsdamen herum. In Chaniá eröffnete Madame Hortense ein Etablissement für gehobene Truppenbetreuung, das heißt, für die Offiziere und Schiffskapitäne, die sich ihr Angebot auch leisten konnten. Überliefert werden Champagnerpartys, wobei die Schuhe der Madame als Trinkgefäß dienten, Cancan auf dem Billardtisch getanzt und in schwülem Interieur ein rauschendes Fest nach dem anderen gefeiert wurde. Einmal wird Edouard Pottier als ihr Galan genannt, ein anderes Mal der italienische Vizeadmiral Felice Napoleone Canevaro.

Als nach etwa zwei Jahren das Gros der internationalen Truppe wieder abzog, blieb Hortense auf Kreta. Die ganz große Zeit der Truppenbetreuung war vorbei. Ihr Lokal wurde geschlossen, dafür trat sie nun in der *London Bar* auf, die als kosmopolitisches Zentrum der Stadt galt. Madame Hortense war, so scheint es, auf Kreta hängengeblieben. Irgendwann in dieser Zeit trat der ehemalige Polizist Nikólaos Chaniotákis in ihr Leben. Mit ihm verließ sie 1905 Chaniá und übersiedelte ans andere Ende der Insel nach Sitía. Dort machte sie, was sie konnte und gelernt hatte: Sie eröffnete ein Nachtlokal. Anscheinend wurden ihr in Sitía aber so viele Steine in den Weg gelegt, dass sie zu ihrem Polizisten sagte: *Die mögen uns hier nicht, wir gehen weiter!*[50] 1908 landete sie im damals noch kleinen Ágios Nikólaos, wo sie das einschlägige *Café Odeo* betrieb. Die außerordentlich tolerante Sperrstunde (drei Uhr früh) wurde der Madame angeblich nur aufgrund einer „besonderen Beziehung" zum Chef der Präfektur gewährt. Dem örtlichen Gendarmeriekommandanten hingegen waren das *Café Odeo* und seine italienischen Tänzerinnen ein Dorn im Auge. Er versuchte, das Lokal zu schließen, da es dort, wie er schrieb, *Frauen gab, die schamlos, respektlos und unanständig gekleidet waren (und) durch aufreizende Körperbewegungen das gemeine Volk in den Strudel der Verderbtheit* zögen.[51] 1910 ging es daher weiter nach Ierápetra. Hier sah es so aus, als wollte Adeline Guitar ihre wilde Zeit endlich hinter sich lassen. Ihr Gefährte wurde Fischer, sie machte den Haushalt, gemeinsam betrieben sie ein Geschäft. An einen Freund schrieb sie: *Es ist ein fantastischer Ort, genau zwischen Europa und Afrika. Es gibt hier nicht die unerträgliche Hitze Afrikas, aber man weiß auch nicht, was Kälte ist. Es hat noch nie geschneit, kaum jemand trägt einen Mantel, und nur selten zünden die Menschen ihre Kohlebecken in den Häusern an ... Nikólaos ist der erste, der im Morgengrauen aufsteht, in sein Boot steigt und aufs Meer hinausfährt, um zu fischen ... Jetzt bin ich mir seiner Liebe sicher ... Jetzt mache ich zum ersten Mal in meinem Leben etwas, das mir besondere Freude bereitet: Ich mache den Haushalt.*[52] Ein paar Monate später war Nikólaos auf und davon: Er hatte sich mit ihren Ersparnissen aus dem Staub gemacht.

Adeline musste wieder von vorn beginnen. Sie eröffnete zunächst ein Restaurant, später das bereits vorhin erwähnte Hotel *Gallía*. In Ierápetra konnte Adeline Guitar endlich Wurzeln schlagen. Bei den Stadtbewohnern hieß sie nur Μαντάμ Ορτάνς, *Madám Ortáns*. Vielleicht glich sie mit ihren roten Fingernägeln und ihrem Pelzmäntelchen doch ein wenig ihrer Darstellerin im Film *Alexis Sorbas*. Ungeachtet ihres fremdartigen Aufzugs entwickelte sich Madame Hortense zu einer geachteten und verehrten Persönlichkeit, auch deshalb, weil sie in Not geratenen Menschen oft finanziell zur Seite stand. Frankreich stattete sie mit dem Ehrenamt einer Vizekonsulin aus. Wenn überhaupt jemand sie am 2. Mai 1938 beim Sterben im Arm hielt, dann war es nicht Alexis Sorbas, sondern der Priester Manólis Tzovalákis, der über Madame Hortense sagte: *Es gab eine heilige Madame Hortense. Ich weiß nicht, ob sie in ihrer Jugend gesündigt hat, außerdem wer ist schon ohne Sünde? Aber ich schwöre bei dem Kreuz, das ich trage, und bei der Messe, die ich halte, dass sie wie eine Heilige gelebt hat und wie eine Heilige gestorben ist, indem sie Tausende von guten Taten vollbrachte und ihren Mitmenschen durch ihre Ersparnisse unterstützte…*[53]

Madame Hortense wurde auf dem Friedhof von Ierápetra bestattet, ihr Grab allerdings existiert schon lange nicht mehr. Dafür wurde eine Sackgasse nach ihr benannt, auf die ein verbeultes Straßenschild hinweist.[54] Müsste man einmal suchen.

Die Aussätzigen

Spinalónga, die kleine Festungsinsel in der Bucht von Mirabélo, bricht derzeit sämtliche Besucherrekorde. Warum ist das so?

Die minoische Ausgrabung (und teilweise Rekonstruktion) von Knossós steht unangefochten an der Spitze der Kreta-TOP10. Zumindest was Tourismusziele mit Eintrittspreis betrifft. 2022 flanierten mehr als 800.000 Menschen über die Ausgrabungsstätte. Das verwundert jetzt nicht besonders. Der Besuch der ältesten Hochkulturreste Europas, mythologische Heimat von König Minos und des Labyrinths (inklusive Minotauros) sowie der Sage von Theseus und Ariadne gehört irgendwie zum Pflichtprogramm eines (zumindest ersten) Kretaaufenthalts. Dagegen erscheint der große Besucherandrang auf die Inselfestung Spinalónga doch etwas merkwürdig: Über 500.000 Besucherinnen und Besucher sollen es 2022 gewesen sein, die sich zu der kleinen Insel nördlich von Ágios Nikólaos hinüberschippern ließen, um dort durch die Ruinensiedlung zu schlendern und ... um dabei was zu tun? An die Auseinandersetzungen zwischen Venezianern und Osmanen im 17. Jahrhundert zu denken? Oder an die türkisch-muslimische *community* im 18. und 19. Jahrhundert? Mitnichten. Geht es nach der Diplomarbeit von Elisávet Peristeráki aus dem Jahr 2017[55], so stellt Spinalónga ein typisches Ziel für *dark tourism* dar, was im Deutschen als *Katastrophentourismus* oder *schwarzer Tourismus* bezeichnet wird. Der Grund, weshalb der Besuch von Spinalónga zum *dark tourism* zählen soll, ist die jahrzehntelange Nutzung der Insel als Isolationsstätte für leprakranke Menschen oder, wie man früher sagte, für Aussätzige. Das weltweite Netz folgt dieser These nicht wirklich, sondern stellt das Reise-

und Besucherziel Spinalónga viel mehr in die Abteilung *lost places*, *verlassene Orte* und *Geisterstadt*. Was angesichts des Besuchs von jährlich 500.000 Menschen eine leicht absurde Note erhält.

Ganz sicher verlassen war die Insel, als die Venezianer gegen Ende des 16. Jahrhunderts damit begannen, darauf eine Festung zu errichten. Aufgrund der Expansionspolitik des Osmanischen Reiches hatte Venedig beschlossen, seine Besitzungen im östlichen Mittelmeer nach den neuesten technischen Gesichtspunkten zu befestigen. In diesem Zusammenhang wurde die kleine Insel im Golf von Mirabélo zu einer imposanten Seefestung ausgebaut, mit 300 Söldnern aus aller Herren Länder besetzt und 35 Kanonen bestückt. Auf diese Weise sicherte sie den Eingang zur Bucht von Eloúnda, die in dieser Zeit zum zweitwichtigsten kretischen Naturhafen Kretas aufstieg. Gegen die groß angelegte Invasion Kretas durch die Osmanen ab 1645 konnte Spinalónga zwar nichts ausrichten, es wurde aber auch nicht erobert. Als Kreta 1669 endgültig in das Osmanische Reich eingegliedert wurde, verblieb die kleine Festungsinsel im Besitz der Venezianer und wurde in den darauffolgenden Jahrzehnten zu einem Ziel für kretische Flüchtlinge.

Das Ende kam erst 1715. In einem neuerlichen Krieg zwischen den beiden Mittelmeermächten wurde das mit nur 160 Soldaten völlig unterbesetzte Spinalónga drei Monate lang belagert. Erst nachdem alle Lebensmittelvorräte auf der Insel aufgebraucht waren, wurde die weiße Fahne geschwenkt. Die Verteidiger erhielten mitsamt ihrem Hab und Gut freien Abzug. Jenen kretischen Christen, die bleiben wollten, versprachen die Sieger, freie Untertanen des Sultans zu werden. Aus diesem Versprechen wurde leider nichts: Die verbliebenen Insulaner – es handelte sich um 350 Männer sowie 243 Frauen und Kinder – wurden gefangen genommen und mit weiteren Gefangenen fortgebracht. 139 Männer schickte man mit dem nächsten Schiffskonvoi gleich einmal nach Konstantinopel, 19 von ihnen starben auf der Überfahrt. Diejenigen, die den Transport überlebt hatten, wurden an die Ruderbänke von osmanischen Galeeren gekettet, worauf sich ihre Spur verlor... Von den anderen Gefangenen gingen ein paar an den Pascha von Kandiye (Iráklion), die restlichen 466 Männer, Frauen und Kinder wurden auf den Sklavenmärkten der kretischen Städte feilgeboten. Als Verkaufserlös wurden 34.368,50 Kuruş erzielt.[56] Zum Vergleich: Für 1 Kuruş erhielt man zur selben Zeit entweder 17 kg Lammfleisch, 34 kg Brot oder 51 Liter Milch.[57]

Auf Spinalónga kehrte nun für die nächsten knapp 190 Jahre Ruhe ein. Die Insel wurde zunächst mit osmanischem Militär besetzt, dessen Mitglieder zum Teil mit ihren Familien hierherkamen. Nach und nach übersiedelten weitere muslimische Familien auf die Insel, die dort in ziemlicher Abgeschiedenheit und weitgehend isoliert von der benachbarten Hauptinsel lebten. Gegen Ende des 18. Jahrhunderts stieg die Einwohnerschaft von Spinalónga ins Handelsgeschäft ein. Von hier aus wurden Produkte wie Salz, Leder, Honig, Wachs, geschliffene Steine, Seide und Johannisbrot vermarktet.[58] Von hier lieferten französische Schiffe Olivenöl an die Seifenfabriken von Marseille. Die Blütezeit als Handelsplatz und Umschlaghafen erlebte Spinalónga im 19. Jahrhundert, die meisten der über 250 Familien lebten vom Handel und von der Seefahrt.

Diese Ära kam zu einem abrupten Ende, als Kreta 1898 einen autonomen Status unter internationalem Schutz erhielt und faktisch als unabhängiger Staat agierte. Der Umstand der Quasiunabhängigkeit führte auf Kreta zu einer ungemeinen kulturellen, wirtschaftlichen und sozialen Aufbruchsstimmung. Es wurden Straßen gebaut, Städte kanalisiert und Verschönerungsarbeiten im öffentlichen Raum vorgenommen. Ein besonderes Anliegen der Inselregierung war das Gesundheitswesen. Insbesondere die Leprakranken bildeten in ihren Augen ein öffentliches Ärgernis. Da sie die Städte nicht betreten durften, lebten die Aussätzigen – für ganz Kreta war von rund 600 Menschen die Rede – vor den Stadtmauern in Elendsvierteln, die alle *Meskiniá* hießen, abgeleitet vom türkischen Wort *miskin* für leprakrank. Tagsüber hielten sich viele Kranke nahe den Stadttoren auf in der Hoffnung, bei den Aus-

und Eingehenden Mitgefühl zu erwecken und eine Münze zu erhalten. Kein Kreta-Reisender des 19. Jahrhunderts vergaß, die Aussätzigen in bildhafter Beschreibung für die Nachwelt festzuhalten. Der österreichische Botaniker Franz Wilhelm Sieber sah 1817 ein *zahlloses Heer von Aussätzigen*, das *nun diese Gegend durchwimmelt.*[59] Er *schauderte vor dem Elend zurück; den meisten waren Füße und Hände abgefallen, und verkrüppelte Stumpfe bewegten sich auf und nieder, indem eine schnarchende Fistelstimme oder durch die Nase unverständlich geschnuffelte Worte uns zum Mitleiden und einer milden Gabe auffordern sollten.*[60] Auch dem Briten Henry Wood Nevinson, der sich 1897 in Kreta als Kriegsberichterstatter aufhielt, fielen die *lepers* vor den Stadttoren auf: *Auf unserem Weg kamen wir an den armseligen Hütten des Lepradorfs vorbei, das etwa zwei Meilen von der Stadt entfernt liegt. Hier leben die Leprakranken der Gegend und faulen vor sich hin. Sie betteln die Straßen rauf und runter, denn die beiden wichtigsten Grundsätze des muslimischen Glaubens bestehen darin, immer einem Leprakranken ein Almosen zu geben und niemals einen räudigen Hund zu töten. Sie heiraten untereinander, und viele ihrer Kinder kann man bis zum 14. Lebensjahr als durchaus schön bezeichnen. Dann aber beginnt die Krankheit ihr Werk, und langsam verfaulen auch sie.*[61]

Damit sollte nun Schluss sein. Indem man die Leprakranken absonderte und isolierte, war man überzeugt, die Ansteckung zu verhindern und der Krankheit Herr zu werden. Einen weiteren Vorteil sahen die Verantwortlichen natürlich darin, dass die Leprakranken nicht mehr vor den Stadtmauern dahinvegetierten und damit das Stadtbild störten. Mit dieser Maßnahme folgten die Behörden dem damaligen Trend des in der allgemeinen Wahrnehmung so empfundenen modernen und zivilisierten 20. Jahrhunderts. Ganz neu war die Angelegenheit jedoch nicht. Bereits in den 1880er Jahren waren Pläne gewälzt worden, die λεπροί (*leprí*) auf einer kleinen Insel vor Kreta zu sammeln. Im Gespräch waren damals Koufonísi südöstlich von Ierápetra oder eine der Dionysádes-Inseln nördlich von Sitía.[62]

Aus praktischen Gründen wurde als gesamtkretische Isolierstation die Insel Spinalónga auserkoren: Man musste keine neuen Unterkünfte errichten und die Insel war von Kreta leicht per Boot zu erreichen. Am 30. Mai 1903 trat das Gesetz über die Isolierung der Leprakranken auf Spinalónga in Kraft. Die Tatsache, dass die Insel bewohnt war, wollte man mit Absiedelung und Entschädigungszahlungen aus der Welt schaffen. Da es sich dabei um muslimische Familien handelte, hatte man bei der Durchführung wenig Skrupel. Nach den blutigen Auseinandersetzungen der vorangegangenen Jahre und dem teilweisen Exodus der muslimischen Inselbevölkerung war auf Spinalónga die Einwohnerschaft von zuvor etwa 1.100 auf (1903) 272 Menschen geschrumpft. Die Höhe der angebotenen Entschädigungszahlung war in den Augen der Spinalónga-Familien allerdings viel zu gering. Sie blieben daher in ihren Häusern und beschwerten sich bei den Konsuln der europäischen Garantiemächte.[63] Dessen ungeachtet wurden im November 1904 251 Leprakranke (148 Männer und 103 Frauen) nach Spinalónga gebracht und die bisherigen Einwohner mussten die Insel verlassen.

Ab 1913, als Kreta ein Teil Griechenlands wurde, schickte man Leprakranke aus dem ganzen Land hierher. Bis etwa 1930 wurden ungefähr 1.000 Männer und Frauen auf die Leprainsel gebracht.[64] Wie man sich leicht vorstellen kann, waren die Lebensbedingungen, die Unterbringung sowie die medizinische Betreuung und Pflege katastrophal. Da keine Aussicht auf Heilung der Krankheit bestand, waren die Insassen mehr oder weniger ihrem Schicksal überlassen. Das Personal bestand aus einem Arzt, einem Aufseher und drei Hilfskräften, schließlich kam noch ein Priester hinzu. Laut Verordnung gab es pro Person täglich 640 Gramm Brot und 28 Lepta für den täglichen Bedarf. (Die Höhe des Taggeldes wurde den jeweiligen Finanzverhältnissen angepasst und betrug 1927 27 Drachmen.) Bevor Lebensmittel, Geld und andere Güter die Besitzer wechselten, musste alles desinfiziert werden. Die Menschen lebten in eigenen Haushalten, heirateten und bekamen Kinder. Manchmal folgten Mütter oder Eheleute den hierher Verschickten nach, um mit ihnen zu leben und sie zu pflegen. Der Präfekt der Präfektur Lasithi zeigte sich nach einem 1926 absolvierten Inselbesuch erschüttert: *Zweihundertfünfzig Menschengeschöpfe jeden Alters, Geschlechts, sozialen Standes – vom Schicksal enterbt – wurden isoliert oder, besser gesagt, in völliger Verzweiflung auf den ausgedörrten Felsen von Spinalonga geworfen. Ich habe fast alle Häuser oder eher die Höhlen der Kranken inspiziert. Wirklich, das menschliche Gewissen schreit auf beim Anblick ihres bedauernswerten Zustandes...*[65]

Auf Drängen des kretischen Arztes und Politikers Michális Katapótis reiste im Jahr darauf der französische Arzt und spätere Nobelpreisträger Charles Nicolle auf die Insel und machte sich ein Bild von der Situation. Sein daraufhin in der Pariser Zeitschrift *L'Illustration* erschienener erschütternder Bericht wurde in weiteren europäischen Zeitungen veröffentlicht. Den bedrückenden Inselalltag schildert Nicolle in drastischen Worten: *Statt heilsamer Arbeit lungern die Armen auf den Felsen herum, betrachten die wilde Brandung des Meeres, träumen von der blauen lockenden Ferne... Und sie spielen Karten oder gönnen sich die geringe Linderung eines Musikinstrumentes. Doch gegen alle unaufhörlichen Klagen gegen das Schicksal nur — Wein, Schnaps, Streit und... Liebe, Liebesleidenschaften. Keine Behörde, keine Polizei ist da. Jeder Ankömmling sucht sich bei der Ankunft einen Schlupfwinkel, so gut er kann. Das Recht des Stärkeren oder auch das Erbarmen verschaffen die besten Wohnstätten. Im Falle heftiger Raufereien schifft die Polizei die beiden Soldaten ein, die ihren Wohnsitz an der benachbarten Küste aufschlagen. Sie sperren eine Zeitlang die Aufgeregten in einen Kerker, dann ziehen sie wieder ab. Bei Unglücksfällen oder sonstigen heftigen Erkrankungen — außer der Lepra — kommt ein Arzt. Die Lepra selbst erfährt keinerlei Heilbehandlung. Ohne Hilfe verfaulen die Menschen bei lebendigem Leibe.*[66] Vom Besuch Nicolles existiert ein zweieinhalb Minuten langes Filmfragment, das im Internet abrufbar ist: https://youtu.be/hSOxgGD3Gtc. (Eine weitere Filmsequenz über Spinalónga ist im französischen Dokumentarfilm *En Crete sans les Dieux* aus dem Jahr 1935 zu sehen, zu finden auf https://youtu.be/7YgQbeIcj7I oder https://vimeo.com/122338799.) Wieder in Frankreich ließ Nicolle 10.000 Dosen eines antileprösen Präparats namens *Hyrganol* nach Spinalónga schicken, das aus Chaulmoogra-Öl gewonnen wurde und zu dieser Zeit das einzige Mittel mit einer gewissen Wirkung war.[67]

Ab den 1930er Jahren besserte sich die Situation langsam. Es wurden eine Krankenstation und neue Häuser mit Schlafsälen errichtet. Einer der Patienten, Epaminóndas Remountákis, organisierte mit der *Bruderschaft der Leprakranken von Spinalónga* eine Selbsthilfegruppe und konnte auf diese Weise die Lebensbedingungen der Verbannten merklich verbessern. Nach 1945 stellte sich aufgrund neuer Präparate ein Durchbruch in der Lepratherapie ein und die strenge Isolation wurde gesetzlich aufgehoben. Verzögerungen bei der praktischen Umsetzung provozierten immer wieder Protestaktionen seitens der Patienten: 1950 schafften es 200 Patienten kurzfristig, die Insel zu verlassen[68], drei Jahre später traten sie zum wiederholten Mal in den Hungerstreik, um die Schließung der Leprakolonie zu beschleunigen.[69] Schließlich begann doch die Absiedelung und 1957 verließen die letzten 30 Patienten die Insel.

Genau im Jahr der Schließung wurde das Thema der Leprakolonie erstmals in ein Filmdrama gegossen. Der griechische Spielfilm Το νησί της σιωπής (*To nisí tis siopís*, dt. Die Insel der Stille oder Die Insel des Schweigens) erzählt die Geschichte eines Arztpaares, das auf Spinalónga tätig ist. Zur Zeit der Dreharbeiten befanden sich noch Kranke auf der Insel, was zur beschleunigten Schließung der Kolonie führte. Der Spielfilm war 1958 der offizielle Beitrag Griechenlands bei den Internationalen Filmfestspielen von Venedig, zu finden auf https://youtu.be/o5MbyUQoxHg (griechisch mit englischen Untertiteln).

Anschließend war Spinalónga wirklich still und verlassen. Was nicht niet- und nagelfest sowie brauchbar war, wurde geplündert, was sich baulich verwerten ließ, wurde zur Errichtung neuer Hotels genutzt. Während der griechischen Militärdiktatur kursierte kurzzeitig der Plan, Spinalónga in eine Marinebasis umzuwandeln, aber ab 1974 begannen sowohl die Denkmalarbeiten als auch die touristische Erschließung der Insel.

Eine geradezu unglaubliche Popularität erlangte Spinalónga in den 2000er Jahren. Erst erschien 2005 der Roman *The Island* von Victoria Hislop, der in 25 Sprachen übersetzt wurde und von dem weltweit über fünf Millionen Exemplare verkauft wurden. Der Roman handelt von einer jungen Frau, die in Kreta mehr über die Vergangenheit ihrer griechischstämmigen Mutter erfahren möchte und auf diese Weise mit dem Leben auf der Lepra-Insel in den 1940er und 1950er Jahren konfrontiert wird.

In Griechenland selbst wurde die Thematik einem breiten Publikum nähergebracht, als der griechische Fernsehsender *Mega TV* eine Fernsehserie produzierte, der das Buch von Hislop zugrunde liegt. Sie hieß – wenig überraschend – To Νησί (*To Nisí*, dt. Die Insel). Die 26 Folgen der TV-Serie wurden 2010 und 2011 ausgestrahlt. Direkte Folge: Spinalónga wurde von Besuchern regelrecht überrannt: Kamen in den Jahren davor pro Saison rund 240.000 Besucherinnen und Besucher auf die Insel, so erhöhte sich 2011 die Zahl auf fast 360.000 Menschen (= plus 50 Prozent!), die auf die ehemalige Leprainsel übersetzten. Was wohl vor allem der Attraktivität von *filmlocations* als Besichtigungsstätte geschuldet ist. Und angesichts der halben Million Touristen im Jahr 2022 ist der Besuch von Spinalónga als Ziel für *dark tourism*, als *lost place* oder *Geisterstadt* (suchen Sie sich etwas Passendes aus) am besten für einen der Wintermonate zu empfehlen.

Ethnische Säuberung

Das Thema Muslime auf Kreta ist eine schwierige Materie. Für den historischen Mythos der Insel ebenso wie für jene, die in dieser Hinsicht nach alten Geschichten graben.

Unübersehbar ragen in mehreren Städten Kretas die Minarette in den Himmel – als steinerne Zeugen der osmanischen Herrschaft, wie es so schön heißt. Die Türkenherrschaft auf Kreta gilt als eine untergegangene Epoche, die, so die kretische Erzählung, mit Unterdrückung, Leid und viel Widerstand zu tun hat. Das Grundschema dieser Erzählung lautet: Auf der einen Seite gab es die Türken = Besatzer = Muslime = Obrigkeit = militärische und zivile Verwaltung und Rechtsprechung = Willkür; auf der anderen Seite waren die Griechen = Christen = Untertanen = Unterdrückte = der Willkür Ausgelieferte. Also klassisch schwarz-weiß, gut-böse. An der Erzählung ist schon was dran, aber nur zum Teil. Die Zeit der *tourkokratía* dauerte – je nachdem wie man rechnet – zwischen 229 und 268 Jahren. In diesem acht bis neun Generationen dauernden Zeitraum ist viel passiert. Die zahlreichen Grautöne zwischen Schwarz und Weiß tauchen – wie auch anderswo üblich – erst ein paar Generationen nach dem endgültigen Ende der Epoche auf.

Tatsache ist, dass nach der Eroberung der Insel durch die Türken viele Kreter zum islamischen Glauben übertraten – freiwillig und dorfweise, mitunter gleich zusammen mit dem orthodoxen Dorfgeistlichen. Dieser Schritt hatte soziale und ökonomische Gründe, natürlich, als Muslime ging es den Menschen unter osmanischer Herrschaft um vieles besser, sie besaßen gegenüber Christen eine Machtposition und außerdem entfiel die Kopfsteuer, die *Dschizya*, die Nichtmuslimen auferlegt wurde. In dieser Zeit nahm auf Kreta zwischen einem Drittel und der Hälfte der Bevölkerung den muslimischen Glauben an. Aus heutiger Sicht klingt das eigentlich ganz unglaublich, wenn man bedenkt, wie sehr sich Kreta in der Gegenwart als einheitlich christlich-orthodox präsentiert. Man kann hier Parallelen ziehen zur Islamisierung des Balkans, wo heute die muslimischen Bosniaken das bekannteste Gesicht dieser Entwicklung darstellen.

In den ersten Jahrzehnten der osmanischen Herrschaft dürfte das Zusammenleben zwischen den Glaubensgruppen wenn schon nicht harmonisch so doch immerhin halbwegs friedlich verlaufen sein. Das Heiraten zwischen den Konfessionsgruppen war üblich, allerdings meist einseitig: muslimischer Mann heiratet christliche Frau, wobei die Frau ihren christlichen Glauben behalten konnte. Die kretischen Muslime sprachen weiterhin griechisch, tranken weiterhin Wein und waren in den Augen der Türken eher schlampige Glaubensgenossen. Sie besaßen türkische Vornamen und griechische Nachnamen. Der in kretischen Nachnamen übliche Diminutiv *-akis* war auch Bestandteil der muslimischen Familiennamen, was gegen die in diversen Kreta-Foren vertretene Behauptung spricht, dass die Verkleinerungsform von den Türken eingeführt wurde, um die christlichen Kreter damit zu erniedrigen. Ein als besonders grausam überlieferter kretischer Muslim hieß Alidákis, ein anderer Afentákis.

Es stellt sich hier natürlich die Frage, wie und als was sich diese Menschen im Laufe der Zeit selbst sahen. Fühlten sie sich weiterhin als Griechen oder nun eher als Türken? Europäische Reisende des 18. und 19. Jahrhunderts verwendeten bei der Beschreibung der kretischen Muslime fast ausnahmslos den Terminus Türken, ein Umstand, der für Verwirrung sorgen kann. Die griechische Geschichtsschreibung bezeichnet diese Gruppe als Τουρκοκρητικοί, *Tourkokritikí*, was im Deutschen mit *Türkenkreter* übersetzt wird, und stellt sie mit dieser Bezeichnung als Bestandteil der osmanischen Herrschaft dar. Auf jeden Fall fühlten sie sich voll und ganz als Kreter, *die ihre Heimat leidenschaftlich liebten und ihre Traditionen bewahrten*, wie es im Standardwerk *Geschichte von Kreta* heißt.[70] In manchen Aspekten erinnert dieser Religionskonflikt an Ereignisse, die der Gegenwart näher liegen, wie zum Beispiel an die *troubles* zwischen Katholiken und Protestanten in Nordirland oder das schwierige Zusammenleben zwischen Moslems und Hindus in Indien.

Viele Türkenkreter ließen sich in die Janitscharenregimenter einschreiben, und übten eine Herrschaft aus, die von Willkür und Gewalt gegenüber der christlichen Bevölkerung geprägt war. Die Janitscharen bildeten die osmanischen Elitetruppen, die gern und oft auch in innenpolitischen Belangen mitmischten. Die kretischen Janitscharen rissen im 18. Jahrhundert auf der Insel zunehmend die Macht an sich und bildeten schließlich mafiaartig einen Staat im Staat. Das heißt, sie taten was sie wollten, und vieles davon war ziemlich grauslich. Insbesondere beim Bayram-Fest verkrochen sich die Christen in den Häusern, weil das Fastenbrechen unter anderem mit zahlreichen Flintenschüssen begangen wurde und dabei *zum Scherz mancher Grieche mit erschossen* wurde.[71] Die von der Hohen Pforte eingesetzten Paschas als eigentliche Vertreter des Sultans hatten nicht viel zu sagen und waren aufgrund ihrer meist nur zweijährigen Amtszeit schnell wieder weg. Dieser Umstand trug viel zur Ablehnung der sogenannten Abtrünnigen und Renegaten durch die Christen bei. Erst in den Zehner- und Zwanzigerjahren des 19. Jahrhunderts ging die Janitscharenherrschaft auf Kreta zu Ende, indem der nach Kreta entsandte Haci Osman Pascha hunderte Janitscharen kurzerhand hinrichten ließ.[72]

Der erste größere Aufstand gegen die osmanische Herrschaft im Jahr 1770 war ein kompletter Misserfolg. Anführer der Rebellion war der Sfakiote Ioánnis Vláchos, genannt Daskalogiánnis. Er ließ sich durch Versprechungen und Einflüsterungen des Russen Grigori Orlow dazu verleiten, gegen die Türken loszuschlagen. Orlow, der Geliebte von Zarin Katharina II., hatte dem Daskalogiánnis wie auch verschiedenen Anführern auf dem griechischen Festland im Fall eines Aufstands die Unterstützung der russischen Armee versprochen. Dem Vorhaben war kein Erfolg beschieden: Die Sfakioten erhoben sich, die weit überlegene türkische Streitmacht schlug zurück, russische Soldaten waren keine in Sicht und das Häuflein übrig gebliebener Aufständischer musste sich ergeben. Daskalogiánnis wurde nach Iráklion gebracht und grausam hingerichtet. Heute erinnern mindestens ein Denkmal, ein Hotel, eine Fähre und der Flughafen von Chaniá an den Anführer dieses ersten Aufstands gegen die osmanische Herrschaft.

Eher einer Privatfehde glich der Überfall einer sfakiotischen Schar auf die Burg eines Janitscharenhäuptlings. Im Mittelpunkt der Geschichte, sie spielt im Jahr 1774, steht der Janitschar Ibraím Alidákis, ein lokaler Herrscher und Großgrundbesitzer, der in seinem Festungsbau im Dorf Embrósneros angeblich zahlreiche Reichtümer angehäuft hatte. Alidákis entstammte einer kretischen Familie, die zum Islam übergetreten war und besaß den Ruf eines brutalen, grausamen und nach Reichtum gierenden Mannes. Die Überlieferung besagt, dass er in die benachbarte Sfakiá einfallen wollte, um sich die dortigen Weidegründe und Schafherden unter den Nagel zu reißen. Die Sfakioten kamen ihm aber zuvor. Unter der Führung von Anagnóstis Manoúsakas machten sich Männer und Frauen aus der Sfakiá auf den Weg nach Embrósneros. Von der Belagerung und dem Kampfgeschehen gibt es mehrere Versionen, aber nur ein Ergebnis: Ibraím Alidákis wurde getötet und mit ihm zweihundert seiner Soldaten und bewaffneten Knechte. Die Verluste der Sfakioten betrugen achtzehn Männer und zwei Frauen. Wie dieses Missverhältnis zwischen den beiderseitigen Verlusten zustande kam, wäre interessant zu erfahren. Schwer bepackt mit Beute zogen die Sieger wieder in die Sfakiá ab, Weideplätze und Herden waren gerettet. Bemerkenswerterweise gab es auf osmanischer Seite keine herrschaftliche Autorität, die anschließend zu einer Strafexpedition in die Sfakiá aufbrach. Offensichtlich wurde die Auseinandersetzung als reine Privatangelegenheit der Beteiligten betrachtet, außerdem dürfte der Tod von Alidákis den osmanischen Würdenträgern nicht ungelegen gekommen sein. Die Reste von Alidákis' Burg im Bergdorf Embrósneros nahe Georgioúpoli sind heute noch zu besichtigen. Außerdem gibt es ein kleines Denkmal im Ort Askífou, von wo die Sfakioten nach Embrósneros aufgebrochen sind.

1821 begann der große griechische Aufstand gegen die osmanische Herrschaft, an dem sich auch Kreta beteiligte. Die vorläufige kretische Regierung richtete an die Muslime der Insel den Aufruf, sich dem Aufstand anzuschließen, weil *wir im selben Haus leben, weil ihr dieselbe Kleidung tragt wie wir, denselben Schritt, dieselbe Sprache habt.*[73] Man bezeichnete sie als *echte, wahre Kreter* und verwendete dafür das kretische Wort χαλίσικος, *chalísikos.* Der Appell blieb ungehört, die muslimischen Kreter verhielten sich loyal gegenüber der Hohen Pforte. Entweder sie hielten still oder sie beteiligten sich regulär wie irregulär an der Niederschlagung des Aufstands. Es gab aber auch eine Bevölkerungsgruppe, die später als Kryptochristen bezeichnet wurden: Kreter, die nur zum Schein den muslimischen Glauben angenommen hatten und sich jetzt im griechischen Unabhängigkeitskrieg wieder offen zum Christentum bekannten. Der bekannteste Vertreter dieser Gruppe ist der frühere Janitscharen-Aga Michális Kourmoúlis aus Kousés in der Messará-Ebene.

Die Konfliktparteien schenkten einander nichts. Weil das türkische Militär wegen des gesamtgriechischen Aufstands auf zu viele Kriegsschauplätze verteilt war, kam dem Sultan eine ägyptische Expeditionsarmee zu Hilfe, die im Mai 1822 auf Kreta landete. Bis 1830, dem Gründungsjahr des kleinen Königreichs Griechenland, wurde Kreta verwüstet und entvölkert, in grausamen Mordaktionen kamen große Teile der Bevölkerung ums Leben. Davon sind vor allem die Massenmorde an jenen Menschen, die in Höhlen Zuflucht gesucht hatten, im kollektiven Gedächtnis haftengeblieben (Höhlen von Melidóni, Mílatos, Pétsi bei Kókkino Chorió und Krionerída bei Vafés). Frauen und Kinder, die die Massaker überlebt hatten, wurden gefangengenommen und in die Sklaverei verkauft. Der österreichische General und Diplomat Anton Prokesch von Osten, der sich 1825 in Kreta aufhielt, berichtet von grauenvollen Exzessen, *Verbrechen, an deren Möglichkeiten man in ruhigen Augenblicken nicht glaubt, und bei deren Erzählung uns die Haare sich sträuben*, und setzt seinen Text mit einigen Beispielen gruseliger Bestialität fort.[74] Zahlreiche Menschen flohen ins Exil, entweder nach Kýthira oder auf die Peloponnes (die Christen), oder nach Kleinasien (die Muslime).

Der für Kreta erfolglos gebliebene Freiheitskampf der christlichen Bevölkerung hatte die Insel in ein wüstes Schlachtfeld verwandelt. Die während der Kriegsjahre aufgetretene Pest sorgte für weitere Opfer und die Bevölkerungszahl ging rapide zurück. Zu Beginn der Revolution lebten etwa 266.000 Menschen auf Kreta, bis 1832 sank die Einwohnerzahl um die Hälfte auf 100.000 bis 140.000 Personen! Man sollte derartigen Schätzungen immer eine gewisse Vorsicht entgegenbringen, aber die Tendenz ist eindeutig. Vier Jahre nach dem Ende der Auseinandersetzungen hielt sich der englische Reiseschriftsteller Robert Pashley in Kreta auf und berichtet von verwüsteten Dörfern (*the general aspect of its villages, all of which may be said to be in ruins*) und entvölkerten Landschaften (*almost total extermination of the male inhabitants in some parts of Crete*).[75] Thomas Spratt, der die Insel in den 1850er Jahren bereiste, schreibt: *Ruin meets the traveller in every village, the result of a devastating war lies impressed upon the face of the land.*[76] Unter diesen Umständen war Versöhnung zwischen den Glaubensrichtungen nicht angesagt.

Kreta wurde nicht Bestandteil des Königreichs Griechenland, sondern kam – als kleines Dankeschön für die militärische Unterstützung – unter ägyptische Verwaltung, unter der die Insel bis 1840 verblieb. In den darauffolgenden Jahrzehnten erkämpften sich die christlichen Kreter Stück um Stück mehr Gleichberechtigung, teils verbunden mit weiteren Unruhen. (Das nachfolgende Kapitel Epanástasi befasst sich mit dem blutigen Aufstand der Jahre 1866 bis 1868). Die Hohe Pforte gab nur dort nach, wo es nicht mehr anders ging und arbeitete mit hinhaltendem Widerstand. Der Aufstieg der christlichen Kreter in Verwaltung und Rechtsprechung sowie Teilhabe an politischen Prozessen setzte sich trotz mehrerer

Rückschläge fort. Manche muslimische Kreter, die um ihren bevorzugten Status fürchteten und die neuen Zeiten ablehnten, verließen die Insel und siedelten auf das kleinasiatische Festland über. Die immer wieder zitierte (weil einzige und halbwegs glaubwürdige) Bevölkerungsstatistik jener Zeit von Nikólaos Stavrákis zeichnet für das Jahr 1881 folgendes Bild: 203.000 Christen stehen 72.000 Muslimen gegenüber.[77] Fast die Hälfte der muslimischen Kreter wohnte in Iráklion, Chaniá und Réthymnon, wo sie auch die Mehrheitsbevölkerung bildete. Auf dem Land lebten die *mousoulmáni* hauptsächlich im Westen rund um Paleóchora, in der Mitte in der Messará-Ebene und ganz im Osten in Sitía und Umgebung.

Das vorletzte Kapitel in der Auseinandersetzung zwischen den beiden Bevölkerungsgruppen bildete der Aufstand der Jahre 1895 bis 1898. Hierbei ging es nicht allein um Gleichberechtigung und Machtverteilung im osmanischen Herrschaftssystem, sondern wieder einmal um eine Vereinigung (ένωσις oder ένωση) mit dem Königreich Griechenland. Diese Entwicklung hatte sich in den Jahren davor bereits abgezeichnet und wurde von Griechenland intensiv gefördert. Der Geist des Nationalismus in seiner modernen Ausprägung des 19. Jahrhunderts hatte nun auch Kreta erreicht. In der ersehnten Vereinigung mit dem Mutterland besaßen die muslimischen Kreter keinen Platz mehr. Sie störten die nationale Einheit. Sie mussten weg. Das, was sich auf dem Balkan (nicht nur dort, aber dort besonders augenfällig) in den letzten Jahrzehnten des 19. Jahrhunderts abspielte, war eine Kombination aus Völkermord und Vertreibung (ethnische Säuberung) jener Menschen, welche nicht der heiligen nationalen Idee des jeweiligen Balkanstaates entsprachen. Und jetzt auch auf Kreta. Dazu ist zu sagen, dass bei weitem nicht alle christlichen Kreter in diesem Fahrwasser schwammen. Die politische Landschaft auf der Insel war stark fragmentiert.

Die Tageszeitung *Pester Lloyd* schrieb Ende Mai 1896: *Die Situation auf Kreta fängt an sehr ernste Dimensionen anzunehmen. In Candia und Rethymo fanden Straßenkämpfe statt, bewaffnete Banden durchziehen die Insel, Mord und*

Brand verbreitend nach allen Richtungen.[78] Als die gewalttätigen Auseinandersetzungen eskalierten – muslimisch-kretische Terrorbanden und christlich-kretische Aufständische und ebenfalls Terrorbanden überfielen die Dörfer der jeweils anderen –, kam es zu der bereits von früher her bekannten Entwicklung: Viele Christen in den Städten flohen panikartig aufs Land, während die Muslime vom Land in die Städte flüchteten. Kaum hatten die Muslime ihre Dörfer verlassen, wurden sie von den christlichen Kämpfern geplündert und niedergebrannt. Die Muslime revanchierten sich, indem sie sich die Häuser der Christen in der Umgebung der Städte und in den Städten selbst vornahmen. Es war ein Teufelskreis, aus dem es kein Entkommen gab. Radikale Kräfte auf beiden Seiten heizten die Stimmung an und wurden dabei von der nationalistischen Stimmungslage in Athen und Konstantinopel tatkräftig unterstützt. Gemeinsam mit den europäischen Mächten wurde ein Paket mit sehr weitreichender Autonomie geschnürt, das von den kretischen Streitparteien angenommen wurde. Die gegenseitigen Provokationen gingen jedoch weiter, wobei die Unruhen von Griechenland aus weiter geschürt wurden. Die gemäßigte Mehrheit auf Kreta hatte keine Chance, dieser Entwicklung entgegenzuwirken. Anfang 1897 überschlugen sich die Ereignisse. Im Raum von Chaniá fackelte man sich gegenseitig die Dörfer ab, Griechenland schickte Kriegsschiffe und auf der Halbinsel von Akrotíri wurde von Aufständischen die Vereinigung Kretas mit Griechenland ausgerufen.

Zur selben Zeit kam es im Februar 1897 im Raum Sitía ganz im Osten der Insel zu versuchten und ausgeführten Massakern unter der muslimischen Zivilbevölkerung. Schauen wir uns diese Vorgänge näher an und begeben uns zu diesem Zweck nach Ostkreta in das auch für kretische Verhältnisse weltabgeschiedene Dorf Zíros auf dem gleichnamigen Plateau. Zíros war ein religiös gemischtes Dorf. Es zählte (1881) 619 Menschen, ein Drittel davon muslimisch. Im völlig abgelegenen Nachbardorf Lamnóni bekannten sich alle 99 Bewohner zum islamischen Glauben. Die *Kölnische Zeitung* beschäftigte damals einen eigenen Berichterstatter auf Kreta, der die Leserschaft laufend über die Ereignisse informierte. Zu den Vorgängen rund um Zíros sammelte er Augenzeugenberichte und schickte sie an seine Zeitung. Unter anderem wurde der Bericht des Jugendlichen Murat Oghlu aus Zíros abgedruckt. Hier ein Ausschnitt: *Bis zum 4. Ramasan* [= 5. Februar 1897] *erfreute sich unser Dorf einer vollkommenen Ruhe. An diesem Tage erfuhren wir, daß Arapo Halil in Piskokephalo getötet worden sei. Seitdem bemerkten wir eine gewisse Bewegung unter den Christen. An demselben Tage rieten sie uns, uns in die Moschee zurückzuziehen, weil etwa vierzig Christen aus andern Dörfern gekommen seien, deren Absichten ihnen unbekannt wären. Wir folgten ihrem Rate. Am nächsten Tage kam ihr Führer Jani Hadschi Andoniaki zu uns in die Moschee, um uns zu ermutigen und uns zu versichern, daß wir nichts zu fürchten hätten. Er fügte hinzu, daß er es für gut hielte, die Dörfler von Lamnioni (99 mohammedanische Einwohner) aufzufordern, sich mit uns zu vereinigen und sich so derselben Sicherheit zu erfreuen, wie wir sie gefunden hätten. Er sandte auch wirklich einen Christen als Eilboten nach Lamnioni. Nach einiger Zeit kehrte der Bote in Begleitung von zwei Muselmanen aus Lamnioni zurück. Letztere erklärten dem Führer, daß die Bewohner ihres Dorfes ihre Häuser nicht verlassen wollten. Darauf gingen etwa sechzig bewaffnete Christen nach Lamnioni ab, immer in der Absicht, die Bewohner zu überreden, sich zu uns zu flüchten. Dieses Mal ließen sie sich überreden und setzten sich, von bewaffneten Christen begleitet, in Marsch. In der Nähe von Ziro angelangt, wurden sie entwaffnet und bis zur Moschee geführt. Inzwischen hatten die Christen das Gewehrfeuer auf das Minaret eröffnet. Unsere Glaubensgenossen, die einen Hinterhalt fürchteten, weigerten sich, die Moschee zu betreten, und sahen sich gezwungen, in das nahe Haus von Hüssein Behlulaki zu flüchten. Hierauf wurde die Moschee selbst beschossen, später wurde das Feuer eingestellt. Opfer hatte es nicht verursacht. Am folgenden Tage, dem 6. Ramasan, wurde wieder von 2 Uhr (8 Uhr europäische Zeit) bis nachmittags geschossen. Da die Kugeln uns nicht gut erreichen konnten, so hatten wir nur einen Toten. Zwei Stunden später öffnete sich plötzlich mit starkem Krach eine Bresche in der Mauer. Die Christen drangen herein und bedrohten uns, falls wir nicht die Waffen ablieferten. Wir gehorchten, und nach der Auslieferung der Waffen verließen wir das Gotteshaus. Osman Ladikalaki, seine Frau Zarifeh, seine Tochter Fatimeh und sein Sohn Hüssein, Ibrahim Murat Oghlu, seine Frau, seine Tochter Fatimeh und sein Sohn Ibrahim, die beiden Töchter von Mechmed Alakso, Afeti und Melek, Zarifi Osman Oghlu, seine Töchter Afeti, Sedika und Fatimeh und sein Sohn Mustapha, meine Großmutter Emineh Hadschopulo, mein Vater, meine Mutter Miriami, meine Brüder Mechmed (15 Jahre), Mehedin (2 Jahre), meine Schwester Samieh (3-4 Jahre) und ich suchten Zuflucht in dem Hause des Nikola Dakaki. Andere Familien flüchteten hier- und dorthin in die der Moschee benachbarten Häuser, ein kleiner Teil blieb in der Moschee. Kurze Zeit nach unserer Ankunft in dem Hause des Nikola Dakaki kamen Christen an die Hausthür. Der Hausherr, sein Schwiegersohn Jani und ein anderer Christ Namens Kostaki, die sich als Wächter an die Thüre gestellt hatten, verwehrten ihnen den Eintritt. Inzwischen waren aber andere Christen herbeigekommen; sie zwangen die Wächter, ihren Platz zu verlassen, erbrachen die Thür und töteten durch einen Schuß sofort meine Großmutter Emineh Hadschopulo; sie schossen auch auf Osman Ladikalaki, der sich durch die Flucht rettete, und gingen davon. Gleich darauf kamen der Hausherr und Jani Vederaki, um uns zu trösten und uns Mut einzusprechen; dann verließen sie uns, indem sie uns empfahlen, die Thür stets gut verschlossen zu halten. Kaum hatten wir uns von dem Schrecken etwas erholt, als wir plötzlich Lärm an der Thür hörten; man wollte von neuem einbrechen. Die Thür gab nach, und die Eindringlinge stürzten mit Messern in der Hand herein. Andere Christen hielten sie davon ab, meinen Bruder, meinen Vater und mich zu töten. Die Angreifer waren Georgios Ziwelaki, Kani Dakaki, ein Priester des Dorfes Zo, Sohn von Papas Wassili, und andere, die mir unbekannt waren. Nach kurzer Zeit kehrten sie zurück; dieses Mal zerrten sie meinen Vater und meinen Bruder hinaus und töteten erstern durch Messerstiche und den andern durch einen Schuß. Die Dunkelheit der Nacht benutzend, hatten sich inzwischen folgende Personen geflüchtet: Ibrahim Hadschi Mechmed, seine Frau, seine Tochter Fatimeh, sein Sohn Ibrahim, die beiden Mädchen von Mechmed Alakso, Afeti und Melek, Osman Ladikalakis Frau Zarifeh, sein Sohn Hüssein und seine Tochter Fatimeh; alle konnten das nahe Gebirge erreichen. Die Mörder meines Vaters und meines Bruders kehrten zum dritten Mal zurück und drangen in das Gemach, wohin ich mit meiner Mutter, meinem Bruder Mehedin (2 Jahre alt), meiner Tante Zarifeh Murat Oghlu, ihren Töchtern Afeti, Sedika und Fatimeh und ihrem Sohne Mustapha geflüchtet waren, und töteten alle durch Messerstiche und Hiebe, bis auf mich, der ich mich durch ein Fenster retten konnte. Ich wurde eine Strecke weit durch die Christen verfolgt, die hinter mir schossen. Durch Dunkelheit und Regen begünstigt, konnte ich mein Leben retten und die Höhen des Dorfes Kalamafki gewinnen, von wo aus ich den Hafen von Sitia erreichte.*[79]

An diesem Tag wurden 52 Menschen aus Zíros und 49 aus Lamnóni umgebracht. Unter den insgesamt 101 Toten befanden sich 26 Frauen und 40 Kinder. Der Berichterstatter nahm in Sitía, wohin Überlebende dieses und anderer Massaker geflüchtet waren, weitere Augenzeugenberichte von Menschen aus anderen muslimischen Dörfern der Umgebung auf, deren Inhalte dem hier abgedruckten ziemlich ähnlich waren. Die Mörder kamen in den meisten Fällen nicht aus dem Dorf, sondern von auswärts, wohingegen die christlichen Dorfbewohner ihre muslimischen Nachbarn zu schützen versuchten. In einigen Fällen gelang es, Hilfe von außen zu holen und die belagerten muslimischen Häuser oder Dörfer zu evakuieren. So geleitete am 21. Februar 1897 eine zehn Mann starke französische Eskorte 217 muslimische Bewohner des Dorfes Paraspóri durch mehrere christliche Dörfer nach Sitía, das französisches und italienisches Militär besetzt hielt. Zwei Tage später wurden von einer französischen Matrosenabteilung 573 Menschen aus Roukáka (heute Chrisopigí) und Umgebung evakuiert. Zuvor war es noch dem Bischof von Sitía, Ambrósios Sfakianákis, gelungen, seine Schäfchen davon abzuhalten, die muslimische Dorfbevölkerung von Roukáka zu massakrieren.

Der britische Generalkonsul in Chaniá, Alfred Biliotti, verfasste einen Bericht, nach dem bei den Massakern in Ostkreta 851 Menschen ums Leben gekommen sind (die wahrscheinliche Zahl liegt weit höher). Es handelte sich dabei um eine der ersten Dokumentationen, die sich mit dem Phänomen der ethnischen Säuberung (*ethnic cleansing*) auf Kreta auseinandersetzten. Den Verdacht einer ethnischen Säuberung, der die kretischen Muslime ausgesetzt sein könnten, äußerte die *Kölnische Zeitung* bereits in einer Ausgabe im Oktober 1896: *Es ist schon bekannt, daß unsere christlichen „Brüder" im Innern der Insel nunmehr glauben, es sei an der Zeit, mit dem Islam endgültig aufzuräumen.*[80] Deren Berichterstatter scheute sich aber ebenso wenig, über Gräueltaten durch Teile der muslimischen Bevölkerung zu berichten. Er bereiste unter anderem die Messará-Ebene, wo er ebenso viele christliche wie muslimische Dörfer verwüstet, geplündert und niedergebrannt vorfand. Etwa zur selben Zeit war der österreichische Diplomat und Militärattaché Wladimir Giesl im Landesinneren unterwegs. Er war Mitglied der sogenannten Gendarmeriekommission, die beauftragt war, für Kreta eine international geführte Gendarmerieeinheit aufzustellen. Giesl beschreibt die Zustände in ähnlicher Form: *Viele Dörfer standen in Flammen, andere waren verlassen und ausgeplündert. Wir begegneten zahllosen, mit ihren Familien flüchtenden Mohammedanern, die ihr Hab und Gut auf Tragtieren verladen hatte; oft zählten solche Scharen bis zu tausend Menschen.*[81] Ähnliche Szenen spielten sich rund um Kándanos in Westkreta ab, wo ein multinationales Truppenkontingent über 2.000 Musliminnen und Muslime evakuierte und nach Paleóchora geleitete. Zu Zigtausenden in den Städten der Nordküste zusammengepfercht, begannen die muslimischen Flüchtlinge dort *ihr Vergeltungswerk mit Mordtaten gegen Christen.*[82] Die bekanntesten Ausschreitungen fanden am 25. August 1898 in Iráklion statt, bei denen neben mehreren hundert christlichen

Kretern auch achtzehn britische Soldaten und der britische Konsul ums Leben kamen. (Näheres über die Zeit 1896 bis 1898 ist im Kapitel Die Kretakrise nachzulesen.)

Die meisten Türkenkreter sahen im Dableiben keine Zukunft. Als Kreta 1898 den Status eines autonomen Staates unter der Oberhoheit des Sultans und dem Protektorat der europäischen Mächte erhielt, verließen viele Muslime endgültig die Insel. Hochkommissar des autonomen Staates wurde der Sohn des griechischen Königs, Prinz Georg von Griechenland. Ursprünglich war geplant, die in die Städte vertriebenen *Moamethaní* wieder auf ihre Landbesitzungen zurückzuführen. Das erwies sich aber aufgrund des christlichen Widerstandes als unmöglich. Von Prinz Georg gibt es folgenden O-Ton: *Das einzige Bedauerliche auf der Insel ist die fortdauernde Auswanderung der Mohammedaner. Es wurde alles Mögliche gethan, um sie zurückzuhalten, aber leider vergeblich.*[83] Und Anfang 1899 gab es in der *Wiener Zeitung* folgende kleine Meldung: *Die Auswanderung der Mohammedaner von der Insel Kreta scheint noch immer nicht abgeschlossen zu sein. Die vom Prinzen Georg an die Mohammedaner in Candia erlassene nachdrückliche Aufforderung, die von ihnen bewohnten, Christen gehörigen Häuser zu verlassen und auf ihre ländlichen Besitzungen zurückzukehren, hat nur sehr geringen Erfolg erzielt. Die meisten dieser Mohammedaner haben erklärt, daß sie es vorziehen, eher auszuwandern als sich auf ihre zerstörten Liegenschaften im Innern der Insel zu begeben.*[84]

Übrig blieben etwa 30.000 *Mousoulmáni*, die sich entschlossen hatten, auf Kreta zu bleiben, vornehmlich in den Städten an der Nordküste. Bis 1910 hatte Iráklion einen muslimischen Bürgermeister. Das allerletzte Kapitel kam dann 1923 mit dem Vertrag von Lausanne. Griechenland hatte seine hochtrabende Vision eines neuen Byzantinischen Reiches (*megáli idéa*) auf den Schlachtfeldern Kleinasiens begraben müssen. Die ethnische Säuberung wurde nun im großen Stil mit internationalem Sanctus fortgesetzt. Im Rahmen eines offiziellen Bevölkerungsaustauschs zwischen Griechenland und der Türkei wurden über zwei Millionen Menschen über die Grenze in den jeweilig anderen Staat verschoben. Dazu zählten auch, ob sie wollten oder nicht, die 30.000 noch verbliebenen muslimischen Kreter, die nun gegen Griechen von der türkischen Ägäisküste ausgetauscht wurden.

Die Säuberung setzte sich bei den Ortsnamen fort. Im Zuge der Bildung von Nationalstaaten (die ja niemals solche waren) und sonstiger Sammlung von Heimaterde im 19. und 20. Jahrhundert erhielten Orte, Berge, ja ganze Landstriche völlig neue Bezeichnungen. Vor allem auf dem Balkan und in Mittelosteuropa (aber nicht nur dort) standen derartige Neotopismen auf der Tagesordnung. Griechenland machte bei diesen Namensumdeutungen keine Ausnahme, ganz im Gegenteil: Hier wurden über 4.000 Ortsnamen gesetzlich geändert, die meisten davon im griechischen Teil von Mazedonien.[85] Das heißt, weg mit den Namen türkischen, slawischen (welcher Provenienz auch immer), albanischen, aromunischen und auch unklaren griechischen Ursprungs, her mit den schönen, reinen, klaren und vor allem deutlich erkennbaren alt- und neugriechischen Bezeichnungen. Je griechischer der Klang desto besser, zusätzlich etwas Heiliges konnte nie schaden.

Im Vergleich zu Gesamtgriechenland sind die Namensänderungen auf Kreta gering, hier wurden 97 Ortschaften umgetauft, prominenteste Vertreterin ist Iráklio(n). In Ostkreta gibt es gleich eine ganze Reihe von Ortsumbenennungen.

Hier einige Beispiele:

ALTER NAME	NEUER NAME
Roukáka	Chrisopigí
Kanénes	Agios Spiridónas
Stravodoxári	Stavrochóri
Vavéli	Nea Praisós
Tourtoúli	Agios Geórgios
Magasá	Vrisídi
Misirgioú	Mitáto
Tso	Agía Triáda
Gras	Ágios Stéfanos

Mit den steinernen Zeugnissen aus der osmanischen Periode ging man ziemlich lieblos um. Bis auf manche Minarette und Moscheenreste ist wenig übriggeblieben. Die Gebetshäuser in den ehemals muslimischen Dörfern sind überhaupt verschwunden. Ein paar Brunnen hier, ein paar Inschriften in arabischer Schrift da, das wars dann auch schon, die ungeliebte Geschichte wurde weitgehend ausgelöscht. Islamische Grabsteine auf dem Misthaufen gibt es in Iráklion unweit der *Plateía Eleftherías* zu besichtigen. Etwas irritierend ist die Umwidmung des Mausoleums eines gewissen Gazí Osmán Barboús in Chaniá. Heutzutage muss die Grablege als Grillbude herhalten. Wer sich dafür interessiert: Ecke *Iráklіou/Panagoúli*. In den gängigen Tourismusbroschüren, Reiseführern und auf den touristischen Websites kriegt man solche Geschichten natürlich nicht zu lesen. Der heldenhafte Kampf der Kreter gegen die Türken steht im Vordergrund.

Wie auch in anderen Gegenden dieser Welt ist es auch hier erst die dritte oder vierte Generation, die ein neues Bild der Ereignisse sucht, hier vor allem im wissenschaftlichen Bereich. Zum Beispiel im Buch Μνήμες πατρίδων, *Mnímes patrídon* (dt. Erinnerungen an die Heimat) aus dem Jahr 2022, in dem sich die Autorin Eléni Psaradáki mit den Nachfahren der *tourkokritikí* in der türkischen Stadt Bodrum auseinandersetzt.[86] Es gibt inzwischen auch einen Austausch von kretischen Institutionen mit den Nachfahren der Muslimkreter, die unter anderem in Ayvalik (gr. Aïvalí) und auf der Insel Alibey Adasi (gr. Moschonísi) an der türkischen Ägäisküste und in Al-Hamidiyah an der syrischen Mittelmeerküste wohnen. Die Menschen dort sprechen nach wie vor kretisches Griechisch und singen dieselben Lieder, die man schon in Kreta gehört hat. Dazu existiert auch Audiovisuelles, zum Beispiel auf https://syrianmemorycollective.net/post/102842527184/the-above-is-a-short-documentary-about-the-cretan (mit einem berührenden Besuch aus Al-Hamidiyah im kretischen Dorf Avlí 1985) und https://www.videoman.gr/en/111684. Nicht zuletzt zeigt das Historische Museum von Kreta in Iráklion immer wieder Sonderausstellungen, die sich der Thematik des (ehemals) muslimischen Kretas annehmen.

Epanástasi

Das griechische Wort epanástasi bedeutet sowohl Aufstand als auch Revolution und hätte eigentlich in Kreta erfunden werden können. Einer der blutigsten Aufstände gegen das Osmanische Reich fand in den Jahren 1866 bis 1868 statt.

In kretischen Liedern wird viel und oft tapfer gekämpft, geschossen, gestochen und gehauen, selten mit kühlem Verstand und Vernunft, sondern mehrheitlich unüberlegt, spontan und mit viel Streit in den eigenen Reihen. Und natürlich wird auch viel gestorben. Besonders im 19. Jahrhundert musste die Insel diesbezüglich in der realen Welt einiges mitmachen, jede Generation hatte ihr eigenes *epanástasi*. Wie im Kapitel Ethnische Säuberung bereits beschrieben, standen Aufstände der christlichen Bevölkerung auf der Tagesordnung, meist gefolgt von der brutalen Niederschlagung durch türkische und ägyptische Truppen. Leidtragend war in der Regel die dörfliche Bevölkerung, die entweder gleich massakriert wurde oder aber Plünderung und/oder Brandschatzung und/oder Vergewaltigung und/oder sadistische Gewalttaten und/oder Verschleppung erleben musste. Im ersten, zweiten und letzten Drittel des 19. Jahrhunderts gab es regelrechte Flächenbrände, die sich über die gesamte Insel wälzten, dazwischen loderten da und dort immer wieder lokale Aufstände und Unruhen auf.

Einen besonders hohen Blutzoll forderte jener Aufstand, der sich über die Jahre 1866 bis 1868 hinzog. Auslöser der Erhebung waren eine generelle Unzufriedenheit mit der osmanischen Verwaltung gepaart mit einer Erhöhung von Steuern, Zöllen und Abgaben (trotz gegenteiliger Versprechungen) sowie die Einmischung des Gouverneurs Hekim Ismail Pascha in innerkirchliche Angelegenheiten. Im Mai 1866 hielten Abordnungen der christlichen Bevölkerung im Kloster Agía

Kyriakí südlich von Chaniá eine Großversammlung ab. Dabei wurde eine Zehn-Punkte-Petition verfasst, die Hekim Ismail Pascha übergeben wurde, damit er sie nach Konstantinopel weiterleitet. Zur Sicherheit – man wusste ja nie – erhielten die ausländischen Konsuln in Chaniá eine Abschrift der Petition. Sie enthielt Forderungen wirtschaftlicher Natur, Klagen über das korrupte Beamten- und Gerichtssystem, über die Nichteinhaltung garantierter Rechte der christlichen Bevölkerung sowie die Forderung nach einer Untersuchung der Missstände und einer Verbesserung der Lage.

Es verwundert nicht besonders, dass die Forderungen durch die Hohe Pforte abgelehnt wurden. Dadurch schaukelte sich die Angelegenheit immer mehr auf. Am 21. August 1866 erklärte die Generalversammlung der christlichen Kreter, dass sich die Bevölkerung (christlichen Glaubens) gezwungen sehe, zu den Waffen zu greifen. Die Gewaltandrohung hört sich heute vielleicht etwas voreilig an, bildete für die kretische Bevölkerung aber ein probates Mittel, um ihren Forderungen den nötigen Nachdruck zu verleihen, auch im Wissen, dass die osmanische Staatsmacht weder auf dem friedlichen Verhandlungsweg und schon gar nicht freiwillig irgendwelche Zugeständnisse machte. Doch diesmal lag die Sache ein bisschen anders. Am 2. September 1866 erklärte die Versammlung nämlich die Abschaffung der osmanischen Herrschaft und die Vereinigung Kretas mit dem Königreich Griechenland. Das war gut gemeint, bedeutete aber für das Osmanische Reich eine Überschreitung der berühmten roten Linie. Die Erklärung war von den Aufständischen nicht besonders durchdacht, da sie gegenüber dem Osmanischen Reich in jeder Hinsicht im Nachteil waren, besonders an Bewaffnung, Kämpfern und Nachschub. Auf Kreta standen über 20.000 türkische Soldaten, dazu kam noch eine 5.000 Mann starke ägyptische Truppe, die der ägyptische Vizekönig Ismail Pascha in seiner grenzenlosen Güte der Hohen Pforte zur Verfügung gestellt hatte. Außerdem ließen sich 10.000 kretische Muslime in die irreguläre Truppe der *Baschibozuk* aufnehmen, eine besonders gefürchtete Einheit, die man nach heutigen Maßstäben als staatlich legitimierte Terrorbande einstufen würde. Außerdem wurden noch die muslimischen Chalikoútes rekrutiert, so hießen jene mehrere tausend Afrikaner von nördlich und südlich der Sahara, die ab den 1830er Jahren nach Kreta eingewandert waren (zu diesem Thema siehe Kapitel Das Dorf der Chalikoútes). Mit zusätzlicher Verstärkung vom Festland hatte die osmanische Seite schließlich zirka 45.000 Mann unter Waffen. Ein Teil der Truppe bestand aus disziplinierten und gut ausgebildeten Soldaten, die über ein weit überlegenes Kriegsgerät verfügten. Nachteil: Die Soldaten hatten es mit einem ihnen unbekannten Terrain zu tun sowie mit einem Gegner, der schnell von der offenen Schlacht zur Guerillataktik überging. Der Gegner: Vielleicht 20.000 Aufständische, welche über großen Mut und gute Ortskenntnisse verfügten, aber schlecht bewaffnet und organisiert waren, zum Teil noch mit Steinschlossflinten herumschossen, wenig von militärischer Disziplin hielten sowie andauernd unterschiedlicher Meinung waren und miteinander im Streit lagen.

Die Situation war äußerst angespannt. Die osmanische Verwaltung forderte die auf dem Land lebenden muslimischen Kreter auf, die sicheren Städte aufzusuchen (was die meisten aus eigenem Antrieb ohnehin bereits getan hatten) und überließ den größten Teil des Landes den christlichen Aufständischen. Diese hatten nichts Besseres zu tun als die verlassenen Besitzungen der muslimischen Kreter zu plündern und niederzubrennen, woraufhin letztere an den städtischen und stadtnahen christlichen Sachgütern und deren Besitzern Rache nahmen.

Um die Unruhen doch noch zu dämpfen, schickte die Hohe Pforte einen Verhandler auf die Insel. Er hieß Mustafa Naili Pascha und wurde *Giritli* (der Kreter) genannt. Mustafa Naili kannte Kreta, er hatte die Insel von 1832 bis 1851 halbwegs erfolgreich und ausgewogen verwaltet. Doch diesmal war ihm das Glück weniger hold, bei seiner Ankunft wurde bereits gekämpft. Trotz einiger Anfangserfolge merkten die Aufständischen rasch, dass sie in offener Feldschlacht hoffnungslos unterlegen waren. Sie gingen daher zur Guerillataktik über und konnten den regulären türkischen und ägyptischen Einheiten einige empfindliche Verluste beibringen. Die Auseinandersetzungen spielten sich zunächst nur im Westteil der Insel ab, allen voran zeigten die Sfakioten wieder einmal, dass sie der kriegerischste Teil der kretischen Bevölkerung waren.

Der Aufstand rief im Königreich Griechenland eine enorme nationale Begeisterung hervor. Viele Freiwillige ließen sich vom Festland nach Kreta bringen, um dort die Aufständischen zu unterstützen. Auch aus anderen Ländern eilten ein paar kampfbereite Idealisten herbei, Franzosen, Briten, Deutsche, Ungarn, Polen und sogar US-Amerikaner. Insgesamt hielten sich inklusive Festlandgriechen zeitweise etwa 3.000 *foreign fighters* in Kreta auf. Großes Echo in der europäischen Öffentlichkeit besaß der Aufstand keinen. Eher verliefen sich die Meldungen in den Worten: Nicht schon wieder! Außerdem gab es 1866 genügend andere Ereignisse, über die zu berichten war: Preußen besiegt Österreich, Österreich besiegt Italien, in Russland gibt es ein Attentat auf Zar Alexander II., in Mexiko kämpft Kaiser Maximilian um sein Überleben, da konnte so ein Inselaufstand in den Zeitungen schnell einmal zum Einspalter werden. Nach einer Niederlage der Revolutionäre beim Bergdorf Vafés südöstlich von Chaniá am 12. Oktober 1866 schien der Aufstand schon wieder zu Ende zu sein. Mustafa Naili forderte eine Niederlegung der Waffen und bot im Gegenzug eine Generalamnestie an, die viele Dörfer in der Sfakiá und im Osten der Insel annahmen.

Dann allerdings kam Arkádi und die Lage änderte sich komplett. Das Kloster Arkádi südöstlich von Réthymnon sollte zu *dem* Symbol des griechischen Widerstandes gegen das Osmanische Reich werden. Die befestigte Klosteranlage diente als Stützpunkt der Aufständischen und wurde im November 1866 – nach der erfolglosen Aufforderung sich zu ergeben – von einer starken türkisch-ägyptischen Truppeneinheit angegriffen und erobert. Der Mythos von Arkádi gründet sich nicht nur in der erbittert geführten Verteidigung des Klosters gegen einen weit überlegenen Gegner, sondern auch in der breit kolportierten Selbstaufopferung der Eingeschlossenen. Als die Niederlage unabwendbar war, wurde im Kloster das Munitionsdepot zur Explosion gebracht, der zahlreiche Verteidiger und Zivilpersonen zum Opfer fielen. Was den Ablauf der Kampfhandlungen, die Anzahl der Kämpfenden auf beiden Seiten und der Zivilisten, sowie das Schicksal der Überlebenden betrifft, existieren zahlreiche Versionen. Beide Konfliktparteien und auch unabhängige Beobachter verbreiteten Nachrichten, die unterschiedlicher nicht hätten sein können, wobei sich alle Berichterstatter auf Augenzeugen beriefen. Der amerikanische Journalist William James Stillman, der über den Konflikt selbst Falschmeldungen in die Welt setzte, meinte zu dem Thema: *in these islands of fable and myth no exact history can well be written.*[87]

Auf jeden Fall besaß der Konflikt jetzt eine europaweite und für das Osmanische Reich desaströse Aufmerksamkeit. Der Schriftsteller Victor Hugo setzte sich in einem offenen Brief für die kretische Sache ein. Vor Ort schaute es für die kretischen Freiheitskämpfer allerdings nicht besonders rosig aus. Im Winter 1866/67 wurden sie weitgehend in die unwirtlichen Berge zurückgedrängt, wo sie größeren Versorgungsschwierigkeiten ausgesetzt waren. Einige hundert Festlandgriechen – ihre Zahl schwankt zwischen 320 und 1.000 Personen – ergaben sich zerlumpt und völlig ausgehungert den türkischen Truppen. Mustafa Naili ließ sie mit medialem Tamtam auf einem türkischen Schiff und begleitet von einem französischen Kanonenboot nach Griechenland zurückbringen, um die Großherzigkeit der osmanischen Macht unter Beweis zu stellen. Als die freiwilligen Kämpfer in Piräus an Land gingen, wurden sie von einem wütenden und patriotisch enttäuschten Mob durch Zurufe wie *Tod den Verrätern! Nieder mit den Deserteuren! Schlagt sie tot!*[88] und mit einem Hagel von Pflastersteinen empfangen. Einige trugen tödliche Verletzungen davon, die anderen konnten von französischen Marinesoldaten gerettet werden. Dafür gingen neue Freiwilligenverbände unter Führung des Manioten Dimítrios Petropoulákis in Kreta an Land.

1867 kam es zur Fortsetzung des Kleinkrieges, der nun auch auf den Ostteil Kretas übergriff. Die türkische Regierung schickte einen neuen Oberbefehlshaber: Omer Pascha, der eigentlich Mihajlo Latas hieß und seine erste militärische Ausbildung als Kadett des Infanterieregiments Nr. 62 an der österreichischen Militärgrenze in Kroatien absolvierte. Der gebürtige Serbe desertierte, wechselte auf die andere Seite der Grenze, trat zum Islam über und machte im Osmanischen Reich eine steile militärische Karriere. Der jugoslawische Schriftsteller Ivo Andrić hat diesem Mann einen Roman gewidmet.[89] Die christlichen Kreter behielten ihn in keiner guten Erinnerung. Omer Pascha verfolgte das Konzept der *verbrannten Erde* und ließ große Landstriche komplett verwüsten. Zu diesem Thema werden da und dort Auszüge aus dem Tagebuch eines Dilaver Bey alias Oberst Geßler zitiert, der als Preuße im Dienst der Hohen Pforte stand. Zum Beispiel: *Omer-Pascha befahl den Seinigen zu rauben, zu plündern und niederzubrennen.*[90] Oder: *Ich sehe noch, wie die Barbaren das unglückliche Geschöpf* [ein Kleinkind] *seiner außer sich geratenen Mutter gewaltsam entreißen, um es hohnlachend vor ihren Augen in die lodernde Flammenglut zu werfen; o, ich höre noch sein herzzerreißendes Geschrei. Schrecken! Schrecken!*[91] Dilaver Bey starb im August 1867, sein Tagebuch scheint verschollen.

Nach einem Jahr waren viele christliche Dörfer außerhalb der Gebirge zerstört und entvölkert, zahlreiche Rudel verwilderter Hunde zogen durch die Insel und machten die Gegenden unsicher. Was hier geschah, war ein Abnutzungskrieg, der beiden Seiten zusetzte. Der Ablauf bestimmter geschichtlicher Ereignisse wiederholt sich immer wieder. Das Osmanische Reich musste bei der französischen Bank *Société Générale* eine Anleihe aufnehmen (und zukünftige Steuereinnahmen dafür verpfänden), um seine Truppen auf Kreta finanzieren zu können, und die Truppen wurden durch Seuchen und Krankheit dezimiert. Omer Pascha war militärisch zwar meist erfolgreich, konnte aber die Gebiete nicht dauerhaft besetzt halten. Die kretischen Aufständischen wiederum besaßen völlig unzureichende Ressourcen, um den Kampf fortsetzen zu können. Zwischen Kreta und dem griechischen Festland fuhren die Dampfschiffe *Panhellenion* und *Arkadion* (letztere wurde im August 1867 versenkt) hin und her, um als Blockadebrecher einerseits Waffen, Munition, Lebensmittel und neue Freiwillige nach Kreta zu bringen, andererseits um gefährdete Zivilpersonen nach Griechenland zu transportieren. Die Evakuierung von Frauen, Kindern und Alten nahm ab Sommer 1867 einen immer größeren Umfang an. Zunehmend beteiligten sich an der Flüchtlingsaktion russische, französische, italienische und österreichische Schiffe. Bis Ende Oktober 1867 sind auf diese Weise über 50.000 Menschen nach Griechenland gebracht worden. Der englische Kriegsberichterstatter John Edwin Hilary Skinner, der sich 1867 in Kreta aufhielt, berichtete über den Weg der Flüchtlinge zur kretischen Südküste. Dort warteten sie auf Schiffe, von denen sie hofften, nach Griechenland transportiert zu werden. Manche hatten Töpfe, Bettdecken und andere Hausgerätschaften dabei, die sie aus ihren niedergebrannten Häusern hatten retten können, manche nur einen Sack Mehl, und einige nur einen Krug mit Wasser und eine Handvoll *paximádia*. Skinner fiel der Kontrast zwischen der schönen Küstenlandschaft und den sich darin abspielenden Ereignissen auf: *It was terrible to starve on the beautiful sea-shore, in the bright sunshine, among the flowering oleanders.*[92] In der zweiten Jahreshälfte 1867 wurde von den Türken schließlich auch die bis dahin unbesetzt gebliebene Sfakiá erobert. Mit Ende des Jahres blieben von den anfangs 20.000 Aufständischen weniger als 3.000 übrig.

Im Herbst 1867 begab sich der Großwesir Mehmed Emin Ali Pascha, ein eifriger Staatsreformer, höchstselbst nach Kreta, um auf politischer Ebene eine Lösung herbeizuführen. Er kündigte vierzehn Grundverordnungen zur Verwaltung der Insel an, an der die christliche Bevölkerung gleichberechtigt Anteil haben sollte. Die Grundverordnungen wurden in das sogenannte Organische Gesetz gegossen, das Anfang 1868 in Kraft trat.

Dennoch flammte im Frühjahr 1868 der Guerillakrieg wieder auf, erlahmte jedoch im Laufe des Jahres zusehends, was sich nicht nur auf die ständigen Meinungsverschiedenheiten der Anführer, sondern auch auf internationale Ursachen gründete. Die Hohe Pforte drohte nämlich dem Königreich Griechenland mit Krieg, falls es seine Unterstützung für die kretischen Rebellen nicht einstellen sollte, die europäischen Mächte brachten die Streitparteien an den Verhandlungstisch, Griechenland musste klein beigeben und das Osmanische Reich hatte wieder Oberwasser. In Kreta streckten nach und nach die meisten *kapetánii* die Waffen, manche gingen ins Exil. Anfang 1869 war der Aufstand beendet, die Insel verwüstet und das Klima zwischen christlicher und muslimischer Bevölkerung vollends vergiftet.

Zusammen mit dem Großwesir war als neuer militärischer Oberbefehlshaber Hussein Avni Pascha auf die Insel gekommen. Dieser betrieb einen geradezu unglaublichen Aufwand, um die renitente kretische Bevölkerung kontrollieren und überwachen zu können. Er ließ nach strategischen Gesichtspunkten eine Vielzahl von größeren und kleineren Festungsbauwerken errichten, die sich wie ein Netz über die gesamte Insel legten. Bezeichnenderweise wurden die meisten Minifestungen in Westkreta gebaut. Nach dem türkischen Wort für Turm, *kule*, wurden und werden diese Kleinfestungen auf Kreta bis heute κουλέδες, *koulédes*, genannt. Im deutschen Sprachgebrauch des 19. Jahrhunderts hat sich dafür – etwas irreführend – der Begriff *Blockhaus* eingebürgert.[93] Das System der *koulédes* war die Grundlage für die weitere osmanische Militärherrschaft und verlängerte diese noch einmal um dreißig Jahre.

Über die Zahl der auf Kreta errichteten *koulédes* herrscht bis heute Unklarheit. Nach dem Ende der osmanischen Herrschaft wurden viele dieser Bauwerke zerstört. Die Rede ist von 100 bis 150 Kleinfestungen, manche Quellen gehen sogar von bis zu 200 *koulédes* aus. Gegenwärtig sind 73 derartiger Anlagen katalogisiert, die meisten davon existieren nur noch als Ruinen.[94] Bekannt sind heute am ehesten jene Festungen, die entlang touristischer Routen liegen, wie zum Beispiel die Ruinen außerhalb von Loutró, oberhalb von Agía Rouméli oder auf der Hochebene von Askífou. Am besten erhalten ist die Festung *Subashi* in unmittelbarer Nähe des Ausgrabungsgeländes von Áptera. Andere Bauwerke befinden sich auf abgelegenen Anhöhen, sind von Gestrüpp überwuchert oder aufgrund des fortgeschrittenen Verfalls kaum noch von der Landschaft zu unterscheiden.

Als der Reiseschriftsteller Gustav Pauli Kreta im Frühjahr 1873 besuchte, notierte er angesichts der vielen Festungen: *Es wird die Zeit kommen, wo man lächelnd auf diese Zwingburgen blicken wird.*[95] Damit sollte er rechtbehalten.

Die Kretakrise

Während Kreta für sich selbst gesehen das gesamte 19. Jahrhundert mehr oder weniger in der Krise steckte, betraf die Kretakrise der Jahre 1896 bis 1898 ganz Europa. Die europäischen Großmächte standen damals wieder einmal vor der Frage: Was tun mit dieser renitenten Insel im Mittelmeer?

Nie zuvor und auch nicht mehr danach erhielt die Stadt Chaniá eine derart große internationale Aufmerksamkeit wie in den Jahren 1896 bis 1898. In diesem Zeitraum fand jenes Ereignis statt, das als sogenannte Kretakrise in die Geschichte eingegangen ist. Man muss nicht lange darüber rätseln, um herauszufinden, was der Anlass für diese neuerliche Misere auf Kreta war: Die Insel war wieder einmal von Unruhen gebeutelt. Christen und Muslime zündeten sich gegenseitig ihre Häuser und Dörfer an, die einen massakrierten die anderen, das osmanische Militär ging wieder gegen die Christen vor und die irregulären *Baschibozuk* sowieso. Es handelte sich um die x-te kretische Rebellion im 19. Jahrhundert, die sich gegen die türkische Herrschaft richtete (nähere Ausführungen zu dieser Thematik siehe in den Kapiteln Ethnische Säuberung und Epanástasi). Gleichzeitig war es auch die letzte. Im Gegensatz zu heute, wo Kreta als eine Insel des Friedens und Glücks, der Idylle und Gastfreundschaft angepriesen wird, besaß sie gegen Ende des 19. Jahrhunderts in Europa einen eher schlechten Ruf. Die Insel weckte ähnliche Assoziationen wie der Begriff Balkan, wo *Zustände notorischer Turbulenz und endemischer Gewalt* herrschten, wie es die Südosteuropa-Forscherin Marie-Janine Calic formuliert.[96] Kreta wurde gleichgesetzt mit Aufruhr, Unruhe, Unsicherheit und Aufstand. Kuriosum am Rande: Dieser Umstand führte dazu, dass in Wien ein mit Zinskasernen zugepflastertes Viertel, das um 1900 als gefährlich galt und aufgrund der tristen sozialen Verhältnisse von Kleinkriminalität und Gewalt geprägt war, damals den Beinamen Kreta erhielt. Das Gebiet zwischen Gudrunstraße/Quellenstraße/Absberggasse/Kempelengasse in Wien-Favoriten heißt bis heute die Kreta-Insel, das Kreta-Viertel oder einfach die Kreta.[97] Lassen wir kurz einen Menschen zu Wort kommen, der es wissen muss: *Die Favoritner „Kreta" war kein Ort, durch den man gern als passionierter Spaziergänger schlenderte. Weder 1905 noch 1955. Denn man musste damit rechnen, dass man beim Verlassen des Viertels ein paar Geldscheine weniger und ein paar blaue Flecken oder gar Rissquetschwunden mehr sein Eigen nennen konnte als beim Hineingehen.*[98] Eine vom Autor vor einiger Zeit vorgenommene Nachschau im Kreta-Viertel förderte nichts Außergewöhnliches zutage. Das ehemals tschechisch geprägte *Grätzl* mit Menschen aus Böhmen und Mähren vermittelt heute ein eher orientalisches Stadtbild.

Aber zurück ins echte Kreta: Bei diesem letzten Inselaufstand gegen die Türken kam hinzu, dass sich daraus eine veritable politische Krise auf internationaler Ebene entwickelte. Bürgerkriegsähnliche Zustände auf Kreta waren für die europäischen Großmächte zwar nichts Neues, dieses Mal jedoch weitete sich die Krise von einem lokalen beziehungsweise innerstaatlichen Konflikt zu einem europäischen Problem aus. Brennpunkt der Ereignisse war die damalige Inselhauptstadt Chaniá. Hier saßen die politischen Vertreter der Hohen Pforte, hier residierte das diplomatische Korps der europäischen Staaten, hier arbeiteten die Mitarbeiter der Nachrichtenagenturen und hierher begaben sich die Korrespondenten der großen europäischen Zeitungen, um über die Vorgänge auf der Insel zu berichten. Und: Die meisten gewalttätigen Auseinandersetzungen wurden in Westkreta rund um Chaniá ausgetragen.

Die Kretakrise 1896/98 war eine komplexe Angelegenheit und besaß eine ganze Reihe von Akteuren, die hier kurz vorgestellt werden:

Das Osmanische Reich sowie seine politischen und militärischen Vertreter: Schwankten zwischen Zugeständnissen und Verschleppungstaktik, zwischen Reformeifer und Repression. Der Vielvölkerstaat befand sich gegenüber den Forderungen seiner zahlreichen Volksgruppen seit Jahrzehnten in der Defensive und ging nur Kompromisse ein, wenn alle anderen Möglichkeiten ausgeschöpft waren und es unbedingt sein musste.

Die muslimische Inselbevölkerung: Ihr Anteil an der Gesamtbevölkerung lag 1890 bei etwa 25 Prozent, in den drei großen Städten bildete sie mit jeweils über 70 Prozent die Mehrheit; wollte ihre Privilegien und Vormachtstellung auf Kreta bewahren und wehrte sich mit Händen und Füßen gegen die Erweiterung der Rechte für die christliche Mehrheit; für die meisten Muslime war es außerdem unvorstellbar, griechische Staatsbürger zu werden.

Die christliche Inselbevölkerung: War in mehrere Parteien und Interessengruppen aufgesplittert; allgemein wurde unterschieden zwischen jenen, die eine weitgehende Autonomie innerhalb des Osmanischen Reiches befürworteten, und jenen, die eine Vereinigung mit Griechenland forderten.

Griechenland: Hier war die Regierung einem starken Druck der Opposition, der Medien und der Straße ausgesetzt (Straße als Vorläufer der heutigen sogenannten sozialen Medien); unterstützte immer offensiver das auf Kreta etablierte Reformkomitee, das einen Anschluss an Griechenland anstrebte.

Die europäischen Großmächte (Großbritannien, Frankreich, Deutsches Reich, Italien, Österreich-Ungarn, Russland): Standen betreffend Südosteuropa in Konkurrenz zueinander und versuchten mühsam, ein Kräftegleichgewicht zu wahren; jede politische Veränderung in dieser Region konnte zu einem Machtvakuum und einer Machtverschiebung führen; die labilen Verhältnisse hingen mit der Schwäche und dem Niedergang des Osmanischen Reiches, den Unabhängigkeitsbestrebungen der Balkanvölker und der Unmöglichkeit einer gerechten Grenzziehung zusammen (Stichwort Pulverfass); mit Ausnahme Russlands, das vehement auf die Balkanhalbinsel drängte, wollten die europäischen Mächte so weit wie möglich keine Veränderung auf der Landkarte. *Fr. Chr. Schlossers Weltgeschichte* (erschienen um 1902) stellte es so dar: *Daraus konnte eine große Konflagration, ein großer Balkanbrand entstehen.*[99] Das bedeutete im Fall von Kreta, dass eine Angliederung an Griechenland von den europäischen Großmächten nicht gewünscht war.

Derlei europapolitische Überlegungen kümmerte die Menschen auf Kreta eher wenig. Im Laufe des Jahres 1896 wurde geschossen, getötet, niedergebrannt, vertrieben und geflüchtet. Die staatlichen Reformbeschlüsse und Umsetzungsversuche des morschen Osmanischen Reiches kamen zu spät, längst hatten die radikalen und gewaltbereiten Kräfte das Heft in die Hand genommen. Das Szenario glich jenen der vorangegangenen Aufstände: Die muslimische Bevölkerung floh zu großen Teilen in die Städte, während die städtischen Christen aufs Land flüchteten. Wer im gegnerischen Inselteil verblieben war, wurde zum Freiwild der Glaubensfeinde und lief Gefahr, massakriert zu werden. Die Konsuln der europäischen Staaten in Chaniá riefen ihre Regierungen um Hilfe an, diese setzten ihre Kriegsschiffe Richtung Kreta in Bewegung. Die Ereignisse überschlugen sich: Anfang Februar 1897 hissten Aufständische auf der Halbinsel Akrotíri bei Chaniá (wo sich heute der Flughafen befindet) die griechische Fahne und proklamierten die Vereinigung mit Griechenland. Dieses schickte ein Truppenkontingent von 1.500 Mann, dessen Kommandant die Besetzung Kretas durch Griechenland erklärte. Zusätzlich kamen laufend griechische Freischärler vom Festland auf die Insel. In Kreta brach nun vollständig die Anarchie aus: In den mit muslimischen Flüchtlingen vollgestopften Städten gab es kaum noch eine staatliche Autorität. In Chaniá gingen die Häuser des Christenviertels in Flammen auf, die verbliebenen christlichen Einwohner flüchteten sich auf die europäischen Kriegsschiffe, die in Chaniá vor Anker lagen. Zum Schutz der diplomatischen Einrichtungen wurden von den europäischen Mächten 450 Marineinfanteristen in die Stadt übergesetzt.

Auf dem Land – hier waren die staatlichen Strukturen völlig zusammengebrochen – operierten griechische Truppen und christliche Aufständische. Sie belagerten mehrere osmanischen Kleinfestungen (*koulédes*), die isoliert im Inselinneren standen und türkische Soldaten noch besetzt hielten. Da ein Sturm auf die Festungen kaum in Betracht kam, waren die Aufständischen dazu übergegangen, die jeweilige Besatzung auszuhungern.

Die europäischen Mächte schickten weitere Schiffe und Truppen. Am 15. Februar 1897 erklärten sie Chaniá für besetzt. Zwei Wochen später ankerten dreiundzwanzig italienische, neunzehn britische, jeweils neun österreichisch-ungarische und russische sowie sieben französische Kriegsschiffe vor Chaniá, insgesamt eine Armada von siebenundsechzig Schiffen. Österreich war unter anderem vertreten durch den Panzerkreuzer *Kaiserin und Königin Maria Theresia*, mit an Bord der Onkel Herbert von Karajans als provisorischer Maschinenbau- und Betriebsingenieur 3. Klasse. Im März 1897 schließlich erklärten die europäischen Mächte den Anschluss Kretas an Griechenland für nichtig, forderten den Abzug des griechischen Militärs und versprachen eine volle Autonomie unter internationaler Kontrolle. Das heißt, den Mächten ging es bei ihrer Militärintervention weniger um ein humanitäres Einschreiten als um die Aufrechterhaltung des geopolitischen Status quo.[100]

Es war die Zeit des sogenannten Admiralsrats, der sich aus den Oberkommandierenden der jeweiligen Marinekontingente der europäischen Staaten zusammensetzte. Der Admiralsrat war zuständig für die Seeblockade gegen griechische Schiffe sowie für die Aufrechterhaltung der öffentlichen Ordnung. Dafür wurde eine Art internationale Friedenstruppe in der Stärke von 6.500 Mann geschaffen, die rund um die kretischen Städte Schutzzonen einrichtete. Außer um Chaniá entstanden derartige Zonen außerdem rund um Réthymnon, Iráklion, Sitía und Ierápetra. Es wirkte wie ein Wunder, dass sich die europäischen Großmächte trotz großer Rivalität und Machtspiele zu einer gemeinsamen Aktion zusammenraufen konnten.

Als ob das alles nicht schon genug gewesen wäre: Nachdem die Forderung eines Abzugs der griechischen Truppen aus Kreta in Athen auf taube Ohren gestoßen war, erklärte das Osmanische Reich Griechenland den Krieg und marschierte in Thessalien ein. Nach nur dreißig Tagen war der Krieg mit einem haushohen Sieg der Türken schon wieder zu Ende. Durch die Vermittlung der europäischen Mächte kam zunächst ein Waffenstillstand, später ein Friedensvertrag zustande. Außerdem: Griechenland war pleite und wurde unter internationale Finanzkontrolle gestellt. Aber das nur nebenbei.

Chaniá befand sich im Ausnahmezustand. Die Stadt war belagert *und* besetzt sowie von muslimischen Flüchtlingen aus dem Landesinneren überlaufen. Im Frühjahr 1897 lebten in der Schutzzone schätzungsweise 23.000 Menschen (vor dem Aufstand zirka 12.000 Einwohner), darunter nur etwa 300 Christen. Während draußen auf dem Land ständig Gewehrschüsse und das Donnern von Gebirgskanonen zu hören waren, saßen die Menschen in der Stadt *ruhig vor ihren Caféhäusern oder in ihren Gewölben, und wie alltäglich gellen die Rufe der Fisch- und Orangenverkäufer.*[101] So zumindest beschrieb ein Zeitungskorrespondent die Stimmung. Eine türkische Militärmusikkapelle ließ *vor der Citadelle am Hafeneingang ... so lustig ihre Weisen ertönen, wie nur jemals am schönen Strande des blauen Meeres.*[102] Kurz zuvor sah die Situation noch ganz anders aus: Die osmanischen Stadtpolizisten, ausschließlich Albaner, hatten rebelliert, weil sie seit ewigen Zeiten keinen Lohn mehr erhalten hatten. Der Aufstand wurde von italienischen und russischen Marineinfanteristen niedergeschlagen, dabei wurde der Polizeikommandeur erschossen – angeblich versehentlich –, von welcher Seite blieb unklar. Zur Komplettierung dieses Wirrwarrs an Uniformen gab es mit der sogenannten Reformgendarmerie noch eine weitere Ordnungsmacht. Diese bestand aus Montenegrinern und wurde von einem britischen Major befehligt.

Die Stationierung ausländischer Truppen bedeutete für die Stadt eine große Veränderung. Das Zusammenleben mit der

Zivilbevölkerung verlief durchwachsen, je nachdem, wie es um die Disziplin der einzelnen Truppenteile bestellt war. Die italienischen Besatzungssoldaten wurden als *flink*, angetan mit *theaterhafter Uniform* beschrieben, die Russen waren *ernst* und *wachsfigurenartig*, Österreichs Soldaten in blauer Jacke mussten anscheinend ständig plaudern und wollten sich mit aller Welt verständigen.[103] Den Briten wurde ein Hang zur Flasche nachgesagt, ebenso den ersten französischen Abteilungen, diese *begannen in Canea furchtbar zu krawalliren. Eines Sonntags Abends waren alle dienstfreien französischen Soldaten total betrunken. Sie strömten Arm in Arm nach dem Hafenkai, wo sie einen argen Exceß begannen. Ihre Kleidung war ganz in Unordnung gerathen, manchen fehlte die Kopfbedeckung, anderen die Epauletten, etc. Sie schrien und tobten so fürchterlich, daß die Einwohner sich ganz entsetzt in ihre Häuser verkrochen.*[104] Die größte Freude hatten die Chanioten mit den Schotten, wenn sie in Formation durch die Stadt marschierten. *Sobald der Dudelsack zu orgeln* begann, gab es sofort einen Menschenauflauf, um die *Highlander* in *ihrer närrischen Tracht* zu bewundern.[105] Die Bevölkerung nannte sie *die hosenlosen Soldaten.*

Aufgrund der internationalen Besetzung hielten nach einiger Zeit mehrere hundert französische Prostituierte in Chaniá Einzug – darunter befand sich wahrscheinlich auch unsere Madame Hortense. Belegt sind diverse Cafés, die sehr kurzfristig entstanden und als Animierlokale ihr Geld verdienten. Eines davon hieß *Au Concert Européen* und stand unter französisch-armenischer Leitung. Der englische Journalist Henry Wood Nevinson berichtet von schwer betrunkenen französischen und russischen Offizieren, die dort mit weiblichen Erscheinungen *of golden hair and other decoration* – wie er es ausdrückte – in Geschäftsverbindung traten.[106] Nevinson schildert auch die Ankunft von etwa 15 Damen aus Smyrna (Izmir), die osmanische Zollbeamte nicht einreisen lassen wollten. Ein italienischer Offizier jedoch erbarmte sich ihrer und stellte einen Geleitschutz zusammen, woraufhin die in Chiffon gekleideten Damen zwischen italienischen Marinesoldaten mit aufgepflanzten Bajonetten sicher in die Stadt gebracht wurden.[107]

Am 29. März 1897 kam das österreichisch-ungarische Militärkontingent in Chaniá an, bestehend aus dem 2. Bataillon des Infanterieregiments 87. Die 700 Mann starke Truppe setzte sich zum größten Teil aus Steirern zusammen. Genaugenommen kamen die k.u.k. Soldaten aus der Untersteiermark, die heute ein Teil Sloweniens ist. Deren Engagement auf Kreta wurde in der Donaumonarchie mit großem Interesse verfolgt, weil sich das Heer seit vielen Jahren im Friedensmodus befand und diese Art von Auslandseinsatz etwas völlig Neues darstellte. Die sparsame österreichische Militärbürokratie legte fest: Für jeden Mann gab es einen Strohsack, einen Kopfpolster, vier Leintücher, eine Winter- und eine Sommerdecke, außerdem wurde die Mannschaft neben der üblichen Adjustierung mit einem Tropenhelm ausgestattet – ein Novum im Heer. Für jedes Gewehr wurde die Mitnahme von 300 Patronen berechnet, 50 Patronen gab es für jeden Revolver. An Naturalgebühren standen jedem Mann pro Woche zu: 700 g Brot oder 500 g Zwieback, 140 g Gemüse oder Obst, 30 g Salz, 0,5 g Pfeffer, 36 g Suppenkonserven, 25 g Kaffee, 9 cl Branntwein oder 40 cl Wein oder 75 cl Bier, 35,2 g Kautabak, 400 g frisches Rindfleisch oder eine Fleischkonserve sowie 20 g Fett; Offiziere durften sich zusätzlich über 6 Stück mittlere Zigarren freuen. Alle Infanteristen erhielten zudem täglich ein warmes Nachtmahl, weil die Marinesoldaten auf den Schiffen ebenfalls ein Abendessen erhielten. Man war bemüht, hier eine Gleichbehandlung herzustellen.[108]

Insgesamt glich diese friedens- und den Status quo erhaltende Mission eher einem Abenteuerurlaub als einem militärischen Einsatz. Die Kriegsschiffe der europäischen Mächte blockierten in zugewiesenen Sektoren die Küste, um Waffen- und Soldatentransporte aus Griechenland zu unterbinden. In der Anfangszeit beschossen sie hie und da auch Stellungen der Aufständischen, wenn diese allzu frech in der Gegend herumknallten. Die europäischen Landtruppen versorgten die von den christlichen Rebellen belagerten isolierten Türkenfestungen mit Nahrungsmitteln, nahmen Entwaffnungen vor, unternahmen Sicherungs- und Streifendienste und sorgten für den Schutz bei Feldarbeiten. Die einzige (unbedeutende) Verletzung auf österreichischer Seite trug ein Korporal namens Zupanc von der 8. Kompanie davon, als seine Patrouille aus dem Hinterhalt beschossen wurde.

Einzelne kritische Momente traten dennoch auf, etwa wenn bewaffneten Gruppen ihre Gewehre weggenommen werden sollten, wenn Abteilungen vorsätzlich oder versehentlich beschossen wurden oder verirrte Geschoße vorbeiflogen. Eine dieser Entwaffnungsaktionen betraf das Dorf der afrikanischen Chalikoútes (Näheres zu diesem Thema siehe im Kapitel Das Dorf der Chalikoútes). Diese und andere Muslime hatten vom türkischen Militär Waffen erhalten, um damit als Irreguläre die christlichen Aufständischen zu jagen. Am 3. April 1897 brachen eigenmächtig etwa fünfhundert Chalikoútes und hundert aus ihren Dörfern vertriebene Muslime auf, um es den christlichen Aufständischen auf der Halbinsel Akrotíri einmal so richtig zu zeigen. Gefolgt von rasenden Kriegsreportern, die ihren Lesern in Europa eine aufsehenerregende Geschichte liefern wollten. Das Ergebnis des Tages: eine komplette Niederlage der Irregulären, viele blutige Köpfe und Nasen sowie etwa fünfzig Tote. Die Aktion der Chalikoútes ist ein typisches Beispiel für das Chaos und die absurden Situationen, die damals herrschten: Während sich die einen gegenseitig die Schädel einschlugen, sah das türkische Militär dem Treiben tatenlos zu, und die europäische Truppe hatte es lustig: *Nicht 600 Schritte von dem Wege ... wo Fanatismus herrscht und der Tod seine blutige Ernte gehalten hat, finden wir hier unter dem Zelte eine lustige kleine Gesellschaft bei schwedischem Punsch. Zu dem Hauptmann der Siebenundachtziger und seinen Officieren hat sich noch ein Italiener gesellt, zwei Engländer treffen ein, und bald ist alles unter dem Fröhlichkeit erregenden Eindrucke der österreichischen Officiere.*[109] Wie vorhin erwähnt, Abenteuerurlaub!

Nach dieser bewaffneten Auseinandersetzung beschlossen die Mächte, die Chalikoútes zu entwaffnen und ließen das

Dorf von 800 Mann umstellen. Die Dorfbewohner weigerten sich natürlich, ihre Waffen abzugeben, und es sah so aus, als ob Haus für Haus durchsucht werden müsste, was *zu einem blutigen Kampfe zu führen drohte.*[110] Erst durch die Vermittlung des österreichisch-ungarischen Generalkonsuls Julius Pinter und dem türkischen Stadtkommandanten Edhem Pascha konnte eine Eskalation verhindert werden. Anschließend wurden insgesamt 609 Gewehre abgegeben.

Eine Situation, die anders hätte ausgehen können, erlebte Hauptmann Angelo von Jedina, Kommandant der 7. Kompanie des Infanterieregiments 87 (die Steirer), im Rahmen eines Patrouillenganges außerhalb der Schutzzone von Chaniá. Die Lage entlang der Schutzzonengrenze war unübersichtlich, man bewegte sich in einer Art Niemandsland. Bei Streifgängen wurde für die Angehörigen der europäischen Truppe oft das ganze Ausmaß der Verwüstungen sichtbar. Die Soldaten stießen auf niedergebrannte Häuser, verwilderte Landwirtschaften und abgeholzte Olivenhaine. Beim Inspizieren eines verlassenen und weitgehend zerstörten Landsitzes eines muslimischen Großgrundbesitzers stand Jedina plötzlich und unerwartet einem Dutzend bewaffneter Aufständischer gegenüber. Folgen wir seiner Tagebucheintragung und lesen, wie die Sache weiter- und ausging: *Meine Situation war sehr kritisch, da wegen der hohen Gartenmauer weder die zwei im Hauptgebäude zurückgelassenen Soldaten, noch die Leute meiner Compagnie mich sehen konnten. Letztere hätten wegen ihrer Entfernung mich auch kaum gehört. Ich erkannte sofort, dass hier nur entschlossenes Auftreten helfen könne, zog den Revolver aus der Tasche und schritt, einen schrillen Pfiff aus der Signalpfeife abgebend, rasch auf die Gruppe zu. Bis auf zwei Insurgenten*[111]*, welche wie gelähmt noch immer wie angewurzelt stehen blieben, ergriffen alle übrigen die Flucht. Den beiden Insurgenten nahmen die auf mein Signal inzwischen herbeigeeilten zwei Mann die Gras-Gewehre*[112] *ab, worauf ich sie zur Compagnie geleiten ließ. Hier löste sich plötzlich ihre Zunge. Vermuthlich glaubten sie, dass nun ihre letzte Stunde geschlagen habe. Ein langer Redeschwall ergoss sich über ihre*

Lippen, von dem ich, da sie griechisch sprachen, kein Wort verstand. Unter fortwährenden Betheuerungen warfen sie sich zu Boden und küssten mir Stiefel und Beinkleider. Mit großer Mühe gelang es, ihnen endlich beizubringen, dass es mir nur um ihre Waffen zu thun gewesen sei, sie selbst aber frei ihrer Wege gehen könnten.[113]

Ganz oben auf der To-do-Liste der internationalen Kreta-Truppe stand das Thema Repräsentation. Einen großen Raum nahmen Militärparaden und Konzerte der jeweiligen Musikkapellen ein, um damit die Bevölkerung, die Militärs der anderen Länder und letztendlich sich selbst zu beeindrucken, gefolgt von gegenseitigen Einladungen und Empfängen. Ein schönes Beispiel aus diesem Genre bildet die Feierlichkeit anlässlich des Geburtstags von Kaiser Franz Joseph am 18. August 1897. Da wurde paradiert, konzertiert, soupiert und illuminiert. Die Häuser in Chaniá waren mit Fahnen, Lampions, Teppichen und Blumengirlanden geschmückt, auf den Schiffen wurde die kleine und große Flaggengala gehisst, und am Vorabend, in der Früh, mittags und abends ließen Salutschüsse die Stadt erbeben. (*Die ganze anwesende, flaggengeschmückte internationale Flotte war in Pulverdampf gehüllt.*).[114] Teil der Feier war natürlich ein Revue genannter Aufmarsch und eine Parade aller in Chaniá vertretenen Truppenteile (ausgenommen die italienischen Bersaglieri, die wie immer nicht marschierten sondern rannten) im Beisein aller zivilen und militärischen Würdenträger und zahlreicher Zaungäste. Letztere beobachteten das Spektakel von den Festungswällen und Hausdächern aus. Auf die Parade folgte ein Festgottesdienst in der katholischen Kirche in Chaniá. Am Abend erlaubte sich Escadre-Admiral Johann von Hinke auf dem Panzerkreuzer *Kaiserin und Königin Maria Theresia* für zahlreiche Gäste ein Galadiner zu geben, während die Stadt und alle Schiffe festlich illuminiert waren. Ebenso feierten die Mannschaften auf den Schiffen und in der Kaserne. Sogar die Aufständischen nahmen am Festtag teil: Sie entzündeten auf den von ihnen kontrollierten Anhöhen zwischen Chaniá und Soúda Freudenfeuer und feierten auf diese Weise den 67. Geburtstag des österreichischen Kaisers und ungarischen Königs.

Als eine Folge der bürgerkriegsähnlichen Zustände streunten zahlreiche herrenlos gewordene Hunde durch die Gegend. Die verwilderten Hunde auf Kreta bildeten eine Art Jahrhundertproblem. Nach jedem Aufstand, bei dem die Dörfer angezündet und die Dorfbewohner massakriert worden waren, stieg die Zahl der herumstreifenden Hunde in bedrohlichem Ausmaß. Nach der Revolution von 1866 und den darauffolgenden dreijährigen Gemetzeln machte Elpís Mélena im Rahmen ihrer Kretarundreise eine derartige Erfahrung, *als ein Lärm wie von untereinander sich zerfleischenden, zähnefletschenden, knurrenden Schlächterhunden mich plötzlich aus dem Schlafe riß; endlose Steinwürfe, begleitet von deutschen, türkischen und griechischen Verwünschungen bekundeten, daß der Doktor, Mustafa Aga und Marco in heißem Kampfe mit einer Rotte feindlicher Angreifer begriffen waren … Ich eilte in der ersten Frühe hinaus und erfuhr, daß verwilderte Molosser unsere nächtlichen Ruhestörer gewesen waren.*[115] In Chaniá waren angeblich Rudel von hundert Hunden und mehr unterwegs, die die Gegend zwischen der Stadt und Soúda unsicher machten. Um der Plage Herr zu werden, wurde die Gendarmerie beauftragt, die Tiere zu erschlagen. *Viele der Hunde*, hieß es dazu, *wurden nur halbtodt geschlagen, so daß manche von ihnen sich mit gebrochenen Schädelknochen oder zerschmetterten Gliedern durch die Straßen schleppten.*[116] Worauf es zahlreiche Beschwerden hagelte. Daraufhin wurden die noch übrigen Hunde mit Strychnin vergiftet.

Wie ging die Kretakrise weiter beziehungsweise wie ging sie aus? Wegen des Balkanproblems durfte Kreta nach Ansicht der europäischen Großmächte kein Teil Griechenlands werden. Als Kompromiss erhielt die Insel einen autonomen Status unter dem Schutz der europäischen Mächte. Hochkommissar wurde ausgerechnet Prinz Georg von Griechenland, ein Sohn des griechischen Königs, der am 21. Dezember 1898 in Chaniá eintraf. Das war eine diplomatische Ohrfeige gegenüber dem im Dreißig-Tage-Krieg siegreich gebliebenen

Osmanischen Reich. Dieses behielt zwar nominell die Oberhoheit und irgendwo versteckt durfte eine türkische Fahne wehen, aber de facto hatten die Türken nichts mehr zu melden. Kreta agierte wie ein unabhängiger Staat. Die Vereinigung mit Griechenland, die der kretische Politiker Elefthérios Venizélos forcierte, musste noch warten und der Weg dorthin war ungemein holprig. 1905 zettelte Venizélos eine Revolte gegen den Hochkommissar an und erklärte den Anschluss Kretas an das Mutterland, Prinz Georg trat bald darauf zurück. Das Mutterland wollte jedoch keine Konfrontation mit den europäischen Mächten und dem Osmanischen Reich und schreckte vor einer Annexion aus diplomatischen Gründen zurück. Ein Großteil der ausländischen Truppen verließ 1907 die Insel (etwa 1.000 Mann blieben noch zwei weitere Jahre), aber auch ein zweiter Anschlussversuch im Jahr darauf brachte nicht das gewünschte Ergebnis. So dauerte der Schwebezustand an, bis schließlich im Verlauf der Balkankriege 1912/13 die offizielle Vereinigung mit Griechenland vollzogen wurde.

Das Dorf der Chalikoútes

Beim Dorf der Chalikoútes und seinen Menschen handelt es sich ganz offensichtlich um eines jener Themen, über das die Geschichtsschreibung großzügig hinweggeschritten ist.

Am Wege nach Haleppa liegt am Strande ein Negerdorf. Unter Hütten von Reisig, auch unter Zelten leben arme Flüchtlinge aus Tripolis.[117] (Gustav Pauli 1875)

It is a little morsel of Africa, transported to Crete to give one more touch of exotic originality to the plains at the foot of the lofty peak of Akrotiri.[118] (Mary Walker 1886)

Jetzt stehen noch 70 solcher Rohrhütten, eine Menge dieser afrikanischen Familien wohnt aber schon in der neuen Stadt außerhalb der Festungsmauern in Steinhäusern.[119] (Alfred von Seefeld 1888)

Das arabische Dorf ... wurde erst während der ägyptischen Herrschaft von einigen Fellahs, syrischen und ägyptischen Soldaten gegründet, die ... entweder afrikanische Sklavinnen hier heirateten oder ihre Familien zu sich kommen ließen. Diese Negerkolonie vermehrt sich zusehends...[120] (Elpís Mélena = Marie Espérance von Schwartz 1892)

Sehr interessant ist das unweit der Citadelle im Osten der Stadt gelegene Araberviertel. Etwa dreitausend dunkelfarbige Afrikaner wohnen hier in elenden, bienenkorbartigen, aus Reis und Schilf erbauten Hütten.[121] (Heinz Bothmer 1899)

Auf dem Wege von Canea nach Haleppa kommt man auch durch das Benghasi-Viertel. Die Benghasis sind Araber, deren Vorfahren aus Tripolis kamen.[122] (Leo v. Dierkes = Leopoldine von Morawetz-Dierkes 1899)

Fast alle Reisenden, Korrespondenten und sonstige Fremde, die sich in der zweiten Hälfte des 19. Jahrhunderts in Kreta aufhielten und über ihren Aufenthalt Schriftliches hinterließen, berichteten über das *Araberdorf* oder *Negerdorf* vor der Stadtbefestigung von Chaniá. Je nachdem, was man zu sehen glaubte. Jetzt war bereits das allgemeine Stimmungsbild in Chaniá, das sich damals den europäischen Reisenden bot, durch und durch orientalisch geprägt. Das hörte sich dann beispielsweise so an: *Es ist eine Orgie von Farben, ein Märchen prachtvoller Lumpen und wunderlicher Trachten und herrlicher fremdartiger Gestalten.*[123] Die Chalikoútes und ihre Siedlung trugen sicherlich dazu bei, dieses für europäische Augen exotische Bild noch einmal zu verstärken. Die Geschichte dieser *dreitausend dunkelfarbigen Afrikaner* (Heinz Bothmer 1899) ist nicht einfach zu rekonstruieren, da es sich um keine homogene Gruppe handelte, sondern um Menschen mit unterschiedlicher Historie und Herkunft. Vieles ist nach wie vor unklar.

Seine Entstehung verdankt das afrikanische Dorf am Rande Chaniás wahrscheinlich der kurzzeitigen ägyptischen Herrschaft in den Jahren 1830 bis 1840. Nachdem die Bevölkerung auf Kreta aufgrund der vorangegangenen griechischen Freiheitskämpfe auf etwa die Hälfte zurückgegangen war, schickte Ägyptens Herrscher Muhammad Ali Pascha ägyptische Arbeitskräfte auf die Insel, wobei die meisten Ägypter aus dem Südsudan kamen. Auch ein Gutteil der auf Kreta stationierten ägyptischen Soldaten bestand aus Schwarzafrikanern. Als die ägyptische Herrschaft nach nur zehn Jahren schon wieder zu Ende war, blieben etliche der aus der ägyptischen Armee entlassenen Soldaten und ein Teil der sudanesischen Arbeiter auf Kreta und ließen sich vor den Toren Chaniás nieder.[124]

Verstärkt wurde die Bevölkerung des neu entstandenen Dorfes durch freigelassene Haussklaven.[125] Die Geschichte der afrikanischen Sklaven auf Kreta ist ein Kapitel für sich. Sie begann mit der osmanischen Herrschaft in der zweiten Hälfte des 17. Jahrhunderts. In muslimischen und muslimisch konvertierten Haushalten war man der Überzeugung, ohne Sklaven für Haushalt und Garten nicht auskommen zu können. Diese Menschen stammten nicht nur aus Afrika, darunter waren auch Russen, Griechen, Georgier, Ungarn, Tscherkessen und andere.[126] Sklavenhaltung galt als schick und war ein Statussymbol. Schwarzafrikanische Sklaven auf Kreta fielen bereits dem Botaniker Joseph Pitton de Tournefort im Jahr 1700 auf, eher die Sklavinnen, die er als *die häßlichsten Weibspersonen auf der Insel* wahrnahm.[127] Die meisten dieser Menschen lebten und arbeiteten in städtischen Haushalten. An dieser Stelle ist anzumerken, dass diese Menschen insgesamt ein weit besseres Leben führten als die im großen Stil eingesetzten Sklaven auf Plantagen in den US-amerikanischen Südstaaten oder in den Kolonien Europas. 1834 stellte der Reiseschriftsteller Robert Pashley fest: *...in the principal towns there are slaves in the families of almost every Mohammedan gentleman.*[128] In seinem Wirtschaftsbericht über Kreta von 1840 bezifferte John Bowring die Zahl der *black male and female slaves* mit 2.000.[129]

Der florierende Sklavenhandel von Afrika in die Zentren des Osmanischen Reiches fand vornehmlich per Schiff statt und führte meist über den Umschlagplatz Kreta. Hier ging die menschliche Ware entweder an Haushalte auf der Insel oder sie wurde in andere Städte des Reiches weitertransportiert. Franz Wilhelm Sieber beobachtete 1817 in Chaniá die Ankunft eines Schiffes aus Tripolis mit fünfzig Sklaven, die von Bord gingen und gleich darauf um dreihundert bis fünfhundert Piaster pro Person verkauft wurden.[130] Weiteren Zulauf erhielt das kretische *Afrikadorf* durch Sklaven, die von der britischen Marine in Chaniá von Bord gelassen wurden. Im Rahmen einer Anti-Sklaverei-Kampagne machten die Briten ab 1834 sowohl im Mittelmeer als auch im Atlantik Jagd auf Sklaventransporte. Die befreiten Menschen der im Mittelmeer aufgebrachten Schiffe wurden vielfach auf Kreta an Land gesetzt (und ihrem Schicksal überlassen).

In den späten 1850er Jahren setzte eine weitere Migrationswelle ein. Jetzt kamen Menschen aus Libyen in Kreta an.

Grund dafür war den Berichten zufolge eine Hungersnot in der Kyrenaika im heutigen Ostlibyen. Die osmanische Verwaltung förderte diese Einwanderung nach Kreta mit dem Hintergedanken, auf der unruhigen und von Aufständen gebeutelten Insel das muslimische Element zu stärken. Thomas Spratt fiel *the only Arab settlement in Europe* bereits im Jahr 1859 auf. Er schreibt von einem großen arabischen Dorf mit zweitausend bis dreitausend Menschen, von denen die meisten während einer Hungersnot aus der Kyrenaika geflohen waren.[131] Gemeinsam mit den Arabern kamen auch Menschen aus dem Inneren Libyens, die nicht Arabisch als Muttersprache hatten.[132] Vielleicht Tubu? Die Neuankömmlinge siedelten sich neben dem bestehenden Afrikadorf an und stellten auf der ansteigenden Fläche Richtung Chalépa, so wie sie es von daheim kannten, ihre Zelte auf oder bauten mit Schilf gedeckte Rundhütten. Nachzügler hatten weniger Glück: In den 1860er und 1870er Jahren machten sich immer mehr Menschen aus der Kyrenaika auf den Weg nach Kreta, wo ihnen aber die Ansiedlung verweigert wurde. Die Philhellenin Elpís Mélena alias Marie Espérance von Schwartz schreibt dazu in ihren Erinnerungen: *Schwerbeladene Boote bringen zu gewissen Jahreszeiten solche Zufahrten dieser Auswanderer nach Kreta, daß der Generalgouverneur oft genötigt ist, ihnen das Landen zu verbieten, weil diese neuen Ankömmlinge, anstatt wie die hier eingebürgerten Araber sich ihr Brot mit Arbeiten zu verdienen, es vorziehen, auf kleine Räubereien auszugehen und somit nicht nur die Gegend um Canea und Khalepa unsicher machen, sondern auch gleichzeitig ringsumher die ägyptische Augenkrankheit (Ophthalmia aegyptiaca)*[133] *verbreiten.*[134]

Bald begannen die unterschiedlichen Gruppen in der Betrachtung der kretischen Bevölkerung miteinander zu verschmelzen und es tauchte für die vor den Toren Chaniás lebenden Menschen der Begriff Chalikoútes (auch Chalikoútides) auf. Eigenbezeichnung war es keine, den Namen hatten sie von den einheimischen Kretern erhalten. Charídimos Papadákis, der sich hundert Jahre später mit der Geschichte der Chalikoútes auseinandersetzte[135], bietet eine recht eigenwillige Interpretation über die Namensherkunft an. Er meint, die Bezeichnung käme vom arabisch-griechischen Ausruf *chal-il-kouti*, was so viel heißen soll wie Lass die Kiste stehen! (arabisch *chal* = lass, griechisch *koutí* = Kiste). Der Ausruf hing mit einem der Hauptberufe der Afrikaner zusammen, dem des Lastenträgers im Hafen von Chaniá. Anscheinend stritten die Arbeiter oft darum, wer die Lasten von und zu den Schiffen tragen durfte, wobei der eine dem anderen dann *chal-il-kouti* zurief, um selbst die Transportkiste zu ergreifen. Ein klassischer Spitzname sozusagen. Das führt uns gleich zu der Frage, welchen Beschäftigungen die Männer außer dem der Lastenträger noch nachgingen. Es waren vor allem unbeliebte Arbeiten, die niemand machen wollte und im untersten sozialen Segment angesiedelt waren: Hafenarbeiter, Bootsleute, Schlachthofarbeiter, Wasserträger und Senkgrubenentleerer, manche versuchten sich auch als Eselsverleiher. Die Frauen, die Chalikoútisses, betätigten sich als Ammen, Dienerinnen, Putzfrauen und private Krankenpflegerinnen. Afrikanische Kistenträger und Hafenarbeiter gab es nicht nur hier, sondern auch in Réthymnon und Iráklion, wo sie unter den staunenden Blicken der Mittelnordwesteuropäer ihren Tätigkeiten nachgingen.

Das Dorf neben Chaniá besaß keinen spezifischen Namen, einmal hieß es *Neápolis* (Neustadt) oder *Nea Chóra* (Neuland), ein anderes Mal einfach *Bengasi-Viertel* oder *Kalikut*. Im ältesten Teil am Meer gab es kleine aber massive Flachdachhäuser und eine Moschee, weiter oben im ansteigenden Gelände standen schilfgedeckte afrikanische Rundhütten sowie Beduinenzelte aus Kamel- und Ziegenhaar. Manche Reisende und Korrespondenten aus Europa waren ob der Exotik ganz aus dem Häuschen und beschrieben das „Treiben“ in grellen Farben. Alfred von Seefeld, der sich 1888 in Kreta aufhielt, war völlig hingerissen von der sich ihm dargebotenen Optik: *Neger in alten Säcken, Türkenfrauen in buntem Kattun, aber dicht verschleiert, griechische Popen, ein Kapuziner-Mönch, sphakiotisches Landvolk, Kinder von allen Farben, Türken in Turbanen, Lastträger, schwerbewaffnete Kawassen, die Con-*

suln in europäischen Kutschen – so wimmelt's auf der Straße nach Canea – Alles bunt, selbst in Lumpen malerisch drapirt – echt orientalisch stilvoll.[136] Ähnlich Dr. C. Chr., Korrespondent der Tageszeitung *Neue Freie Presse*, der im Sommer 1896 in Chaniá weilte. Er schildert, wie er mit seiner Kutsche in ein *Rudel* von Arabern gerät: *Dann geht die Straße den Festungsgraben entlang und durch das Viertel der bengasischen Araber, hier auch ‚Chalikuten' genannt. In Rudeln kehren diese in ihre Behausungen zurück. Sie sind alle dunkelbraun mit brennend schwarzen Augen und Beduinenbärten; die meisten tragen sich wie die Kretenser, Andere sind in Sackhemden mit farbigen Tüchern um den Kopf. Sie schreien und gesticuliren und gehen mehrmals rund um den Wagen. Sie sind das gefürchtetste und wildeste Element der Bevölkerung Caneas.*[137]

Zum Thema wild und gefürchtet ergänzt der österreichische Militär Wladimir Giesl ein Jahr später: *Immer hatte ich die Hand an der Repetierpistole, wenn ich durch die Kolonie ging. Bei Nacht wäre ein Betreten dieser Ansiedlung sträflicher Leichtsinn gewesen; bei Tag sorgten zwei starke Nizamposten*[138] *für die Sicherheit der Passanten.*[139] Die Einschätzungen zur Gefährlichkeit der Chalikoútes beschränken sich auf den Zeitraum von 1896 bis 1898. Damals braute sich die letzte große Auseinandersetzung zwischen den christlichen Kretern auf der einen und den muslimischen Kretern sowie der osmanischen Herrschaft auf der anderen Seite zusammen oder war bereits in vollem Gange. In dieser Tragödie spielten die Chalikoútes eine sehr unglückliche Rolle. Sie hingen fast ausschließlich dem Islam an wie auch die meisten damaligen Einwohner von Chaniá, daher gab es zwischen diesen Bevölkerungsgruppen kaum Reibungspunkte. Chalikoútes und Chanioten waren Glaubensbrüder und Glaubensschwestern. Aus diesem Grund konnten die Chalikoútes leicht beeinflusst und gegen die christlichen Kreter aufgehetzt werden, was sowohl durch osmanische Behördenvertreter als auch fanatische kretische Muslime geschah. Das türkische Militär sorgte für die Bewaffnung. Im Februar 1897 brannte das christliche Viertel von Chaniá nieder und die Chalikoútes waren bei der

Plünderung der Häuser vorne dabei. Zur selben Zeit setzten sie zusammen mit einem einheimischen muslimischen Mob alle christlichen Dörfer zwischen Chaniá und Plataniás in Brand (siehe dazu auch im Kapitel Die Kretakrise).

Als Kreta Ende 1898 ein internationales Protektorat wurde (unter formeller osmanischer Oberhoheit), forderten die christlichen Kreter den Abzug der arabischen Chalikoútes. Tatsächlich ging bereits ab 1899 die Zahl der Bengasi-Araber merklich zurück. Sie verkauften ihre wenige Habe und kehrten in die Kyrenaika zurück. Ein weiterer Anlass für die Abwanderung (oder Flucht) von der Insel war eine polizeiliche Anordnung vom September 1901, die verbliebenen 30 Rundhütten niederzubrennen. Als Begründung dafür wurden hygienische Umstände genannt, mehr aber schien den nunmehr europäisierenden griechischen Patrioten das afrikanisch anmutende Aussehen des Dorfes ein Dorn im Auge.[140]

Die Schwarzafrikaner hingegen blieben auch nach der Angliederung Kretas an Griechenland (1913) in ihren Häusern vor den Toren Chaniás. Das Ende kam erst mit dem Vertrag von Lausanne 1923 und dem sogenannten Bevölkerungsaustausch zwischen Griechenland und der Türkei. Nach diesem mussten alle Muslime Kreta verlassen (im Austausch wurden etwa 30.000 Christen aus Kleinasien angesiedelt). Unter diesen Passus fielen ebenso die verbliebenen Chalikoútes. Die meisten von ihnen wurden an die türkische Ägäisküste gebracht, wo sie sich in der Umgebung von Izmir und Ayvalik niederließen. Dadurch entstand die absurde Situation, dass Menschen, die auf Kreta geboren waren, großteils griechische Namen trugen und ausschließlich Griechisch sprachen, aber deren Vorfahren aus Schwarzafrika kamen, Bürger der neuen Republik Türkei wurden.

Es gab aber ein paar Ausnahmen von dieser Regelung. Zwei davon waren Sális Chelidonákis und Abla Nuriye Marmaráki, die beide in einem christlichen Haushalt arbeiteten und daher von der Expatriierung verschont blieben. Eine andere Version besagt, dass Chelidonákis die britische Staatsbürgerschaft erhalten hatte und daher bleiben konnte. Chelidonákis starb 1967 allseits beliebt als letzter Chalikoútis in Chaniá, dank einer Spendensammlung erhielt seine Grabstätte einen mächtigen Gedenkstein aus Marmor.[141] Der bekannteste Chalikoútis war ein Mann namens Alí Gogó, der wie so viele als Hafenarbeiter beschäftigt war. Sein exzessiver Tabakkonsum führte dazu, dass sein Name bald sprichwörtlich für starke Raucher verwendet wurde: Καπνίζεις σα τον Αλή Γκογκό! *(Kapnísis sa ton Alí Gogó*, Du rauchst wie Alí Gogó!)[142] Der kretische Schriftsteller Pandélis Prevelákis verewigte ihn in seinem Buch *Die Chronik einer Stadt*. Alí Gogó schaffte es sogar, auf zeitgenössischen kolorierten Ansichtskarten abgebildet zu werden, nachzuschlagen auf http://lobbystas.gr/αλη-κιουνγκου-αλη-γκογκο-οι-αφρικανοι/. Bis zu seinem erzwungenen Austausch im Jahr 1926 führte er mit seiner Trommel den Umzug der Chalikoútes an, der alljährlich am 1. Mai stattfand, und jedes Mal zahlreiche Schaulustige anlockte. Wie viele andere wollte auch Alí Gogó auf Kreta bleiben. Als er im Hafen von Chaniá auf einem Boot zum Schiff für die Deportation gebracht wurde, sprang er ins Meer, um zum Ufer zurückzuschwimmen, wurde aber aufgefischt und zwangsweise aufs Schiff gebracht. Und dann waren sie alle weg. In Koum Kapí entstand ein völlig neues Stadtviertel und bald erinnerte nichts mehr an das Dorf der Chalikoútes und ihre Bewohnerinnen und Bewohner. Heute ist Koum Kapí mit seinen zahllosen Lokalen das Ausgeh- und Amüsierviertel der Chanioter Jugend.

Seit der Jahrtausendwende gibt es etliche Historiker und Privatpersonen, die sich der Geschichte der Chalikoútes annehmen. Auch der alte Spitzname gelangt wieder zu Ehren: 2004 formierte sich in Chaniá eine Musikgruppe, die sich *The Halicuti Band* nennt. In Koum Kapí wird ein Apartment namens *Halí il Cutti* an Touristen vermietet (sieht nicht so aus wie die Behausungen von damals). Und auch in Réthymnon ist der Name präsent: Am Fuße der *Fortétza* gibt es das *Chalikoúti Café*, in dem ich interessanterweise vor Jahren schon einmal gesessen bin, allerdings ohne damals die Zusammenhänge zu kennen.

Sehr schlechte Zeiten

Die deutsche Besatzungszeit 1941 bis 1945 brachte Leid, Tod und Zerstörung. Aber auch die ersten Jahre danach waren vielerorts von Gewalt geprägt.

Wenn man an jedem Ort eines Nazi-Verbrechens ein Kreuz setzen würde, wäre Europa ein einziges riesiges Friedhofsgelände. Nicht dass andere Ideologien, Staaten und Regierungen keinen Dreck am Stecken und keine Leichen im Keller hätten. In diesem Zusammenhang könnte man gleich eine ganze Reihe von Ideologien, Staaten und Regierungen anführen, die sich diesbezüglich bis heute sehr bedeckt halten oder eine Beteiligung von Verbrechen an der Zivilbevölkerung überhaupt strikt von sich weisen und abstreiten. Ansonsten könnte vielleicht ein staatlicher Konsens aufbrechen oder ein nationaler Mythos zerbröseln.

Die Zahl der zivilen Opfer auf Kreta war bei jedem einzelnen Aufstand gegen die Türken wahrscheinlich höher als während der gesamten deutschen Besatzungszeit. Allerdings erwarteten die Kreter von den als barbarisch betrachteten Osmanen gar nichts anderes, während die Deutschen in ihren Augen für Kultur und Zivilisation standen. So kann man sich täuschen. Genaue Opferzahlen für Kreta gibt es nicht. Im Zuge sogenannter *Sühne- und Vergeltungsmaßnahmen* wurden in den Jahren 1941 bis 1945 etwa 3.500 Zivilpersonen exekutiert = ermordet (davon 22 durch die italienische Besatzungsmacht[143]). Mindestens noch einmal so viele Menschen kamen auf kretischer Seite bei der sogenannten *Bandenbekämpfung* ums Leben, wahrscheinlich ist von etwa 8.000 bis 9.000 getöteten Kreterinnen und Kretern auszugehen. Die wenigsten davon fielen im direkten Kampfgeschehen.

Über die Eroberung Kretas und die anschließende Besatzungszeit ist bereits viel geschrieben worden. Es gibt mehrere umfassende Publikationen zum Thema, weiters örtlich, zeitlich und thematisch eingeschränkte Fachbeiträge und Dokumentationen sowie persönliche Erinnerungen aus unterschiedlichen Blickwinkeln (kretische Zivilisten, Widerstandskämpfer, britische SOE-Agenten[144], deutsche Soldaten). Es gibt auch das eigenartige Buch *Kreta* von Erhart Kästner mitsamt seiner Entwicklungsgeschichte von der Kriegs- zur Nachkriegsliteratur.

Wir wissen: Die Besatzung eines Landes durch eine Fremdmacht ist eine komplexe Thematik. Im konkreten Fall setzt sie sich aus vielen Komponenten zusammen, unter anderem dem Verhalten und den Maßnahmen der Besatzungsmacht, der Stimmung in der Bevölkerung, den Aktivitäten der Partisanen (*Andarten*), der Kollaboration einzelner Bevölkerungsteile, der Gratwanderung der Zivilverwaltung zwischen Zusammenarbeit und Widerstand, dem Einfluss der Kirche oder auch nur dem Zufall. Wenn ich jetzt behaupte, dass mindestens 90 Prozent der Inselbevölkerung der deutschen Besatzung ablehnend bis feindlich gegenüberstand, liege ich wahrscheinlich nicht ganz falsch. In den dichter besiedelten Küstenregionen des Nordens, in den Ebenen und im leicht zugänglichen Hügelland gab es nach der Eroberung der Insel kaum Widerstand. In den gebirgigen Teilen der Insel operierten im Laufe der Besatzungszeit verschiedene Partisanengruppen. Stark gefährdet waren daher jene Dörfer, in deren Umfeld die Wehrmacht *Andarten* und britische SOE-Kommandos vermutete. Hier ging die deutsche Besatzungsmacht mit unglaublicher Brutalität und Härte gegen die Zivilbevölkerung vor, die deutschen Zauberformeln zur *Befriedung* der Insel hießen in diesem Fall *kollektive Verantwortung* und *Sühnemaßnahmen*, das bedeutete Geiselnahmen, befohlene Erschießungen und willkürliche Tötungen. Die gesamte Inselbevölkerung hatte unter der Beschlagnahme von Häusern und Gütern, Produktionsabgaben, Zwangsarbeit, Ausgangssperren sowie der Errichtung von weiträumigen Sperrzonen zu leiden. Gerade letztere Maßnahme bildete für Kreter, die in der Landwirtschaft tätig waren, eine oft tödliche Gefahr.

Nach dem Motto Zuckerbrot und Peitsche gab es immer wieder Perioden von Entspannungsversuchen und Programme zur Befriedung. So wurden etwa *Volksküchen* für die notleidenden Bevölkerungsteile von Iráklion und Schülerausspeisungen eingerichtet.[145] Individuelle Bittgesuche bzw. Beschwerden an die Militärverwaltung wurden oft positiv beantwortet. Das ging sogar soweit, dass Entschädigungen gewährt wurden, wenn eine Notsituation durch Handlungen der Wehrmacht herbeigeführt wurde. So wurde eine Gemeinde teilweise entschädigt, deren Ernte durch die Wehrmacht beschlagnahmt worden war, oder einer Mutter mit Kind wurde Unterstützung gewährt, weil ihr Mann in einem deutschen Geisellager gefangen gehalten wurde.[146] In der Truppe gab es die normalen Befehlsbefolger, weiters Rohlinge, Fanatiker, Verunsicherte, Kriegsgegner und Griechenfreunde, das gesamte Spektrum menschlicher Einstellungen und Eigenschaften. Auch die beiden Kommandeure im Jahr 1943 (Bruno Bräuer als Festungskommandant und Friedrich Wilhelm Müller als Divisionskommandant) hatten unterschiedliche Ansichten, was den Umgang mit der Zivilbevölkerung betraf. Bekannt ist die Geschichte eines Hauptmanns, der einer kretischen Laienspielgruppe Gewehre aus Heeresbeständen für ein Theaterstück zur Verfügung stellte (*Und dann waren wir zu einer Theateraufführung geladen, die ich durch Herleihung von Gewehren und sonstigem Kram unterstützt hatte.*).[147] Allerdings wurden Offiziere zurechtgewiesen, die als zu griechenfreundlich empfunden wurden.

Kleine Annäherungsversuche durch die Militärverwaltung oder einzelne Wehrmachtsangehörige wurden durch barbarische Repressalien wieder zunichte gemacht. Die meisten Befehle für rücksichtsloses Durchgreifen kamen aus Berlin und wurden von den nachgeordneten Dienststellen unterschiedlich bewertet und befolgt. Am ganz unteren Ende der Skala war das Sonderkommando Schubert angesiedelt, die übelste aller (para)militärischen Formationen auf Kreta. Dessen Mitglieder wurden von den Griechen nach ihrem Anführer Fritz Schubert Σουμπερίτες (*Souberítes*) genannt. Das Alltagsleben der Bevölkerung im italienisch besetzten Ostteil der Insel (hauptsächlich Präfektur Lasíthi) wird allgemein als weniger hart beschrieben als jenes im deutsch besetzten Zentral- und Westkreta. Die italienischen Besatzungstruppen beschlagnahmten zwar Nahrungsmittel, Vieh, Werkzeug, Maschinen und Hausgerätschaften beziehungsweise ließen es einfach mitgehen, außerdem war die Bevölkerung ständig verbalen Bedrohungen ausgesetzt, aber es gab keine Massenexekutionen, kaum Geiselerschießungen und keine Zerstörung von Dörfern.

Die blutigste Einzelaktion der Wehrmacht gegen Zivilisten während der Besatzungszeit fand im September 1943 im Raum von Viánnos in Südostkreta statt. Stünde nicht am Ortsrand des Dorfes Amirás eine großflächige Gedenkstätte, wo auf elf Steinfiguren die Namen von 451 Männern, Frauen, Kindern, Alten, Blinden und Gelähmten verewigt sind, wüsste kein Fremder, was im September 1943 in der Gegend geschehen ist.

Schauen wir uns an, wie es zu dieser *Sühne- und Vergeltungsaktion* gekommen ist. Im Díkti-Gebirge hinter Viánnos hatte Kapetán Manólis Bandouvás die einzige größere Partisanengruppe der Insel aufgebaut. Sie bestand aus schätzungsweise 160 Männern, war grundsätzlich der konservativen Partisanenfraktion EOK zuzuordnen und setzte sich, so der englische Romancier und damalige SOE-Agent Patrick Leigh Fermor, aus einer zusammengewürfelten Mannschaft zusammen: Griechische Armeeoffiziere und Kommunisten, Männer aus ganz Kreta, ein Priester und zwei Mönche, zottige Schäfer und Bergbewohner, ein paar junge Männer mit Studentenkappen, echte und falsche Polizisten, zwei junge Männer in deutscher Uniform, mehrere Athener und gestrandete griechische Soldaten vom Festland, zwei Australier, ein Neuseeländer und ein mächtiger Kosake namens Pietr, der aus einem Kriegsgefangenenlager bei Timbaki entflohen war.[148] Bandouvás' Vize hieß Giánnis Podiás, der etwas später noch einmal auftauchen wird. In dieser Gegend um Viánnos verlief die Grenze zwischen der deutschen und italienischen

Besatzungszone. Das war für Bandouvás von Vorteil, da die Zusammenarbeit zwischen den Besatzungsmächten mehr als bescheiden war und die Partisanen je nach Bedarf von der einen in die andere Zone wechseln konnten.

Unmittelbarer Anlass für das hereinbrechende Unglück war der Waffenstillstand zwischen Italien und den Alliierten. Nach dem Sturz von Mussolini erwarteten sowohl die Deutschen als auch die Kreter und die *Andarten* einen Richtungswechsel Italiens. Angeblich führten Bandouvás und der italienische Inselbefehlshaber Generalleutnant Angelico Carta im Sommer 1943 Gespräche über die Weiterreichung von Waffen aus italienischen Beständen. Als nun am 8. September der Waffenstillstand zwischen Italien und den Alliierten bekannt wurde, verbreitete sich auf Kreta das Gerücht, dass in Kürze die Alliierten auf der Insel landen würden. Auch Manólis Bandouvás glaubte das und wollte das Seine zur Befreiung Kretas beitragen. Von den britischen Agenten im Untergrund konnte er nicht auf- bzw. zurückgehalten werden. Das hing auch damit zusammen, dass Bandouvás und der SOE-Offizier Thomas Dunbabin nicht besonders harmonierten.

In der Nacht von 9. auf 10. September 1943 überfielen Bandouvás' Männer im Dorf Káto Sými einen deutschen Außenposten, der angeblich Kartoffeln für die deutschen Streitkräfte sammeln sollte, dabei verschleppten und töteten sie zwei Soldaten. Zwei Tage nach dem Überfall wurde am 12. September eine deutsche Einheit zur *Bandenbekämpfung* nach Káto Sými geschickt. An der Spitze des Zuges positionierte man mehrere einheimische Geiseln als lebende Schutzschilde. Diese Maßnahme hielt Bandouvás nicht davon ab, die Deutschen anzugreifen. Es handelte sich dabei um den ersten offenen Angriff auf eine deutsche Einheit seit Beginn der Besatzungszeit. Ergebnis: Die Geiseln konnten entkommen, die Verluste der Wehrmacht betrugen zwölf Tote und fünf Verwundete. Zwölf weitere Soldaten konnten von den *Andarten* gefangengenommen werden. Daraufhin steckten die Deutschen noch am selben Tag Káto Sými und das benachbarte Péfkos in Brand. Die Dorfbewohner waren vorher rechtzeitig verschwunden. An den darauffolgenden Tagen geschah das, was die deutsche Besatzung als *Sühne- und Vergeltungsmaßnahme* bezeichnete. Acht Kompanien leisteten dabei ganze Arbeit. Am 14. September wurden laut Tagesmeldung *280 Griechen auf der Flucht erschossen.*[149] Später ersetzte man *Griechen* durch *Banditen*, wohl um das Massaker an Zivilisten zu verschleiern. In Mýrtos wurden 500 Frauen und Kinder gefangen gesetzt, die ein deutscher Offizier offensichtlich in Eigenverantwortung wieder gehen ließ, bevor – so ein Zeitzeuge – *die Hinrichtungskommandos der Deutschen eintrafen.*[150] Bis zum 16. September wurden mehrere Dörfer verwüstet, geplündert und in Brand gesteckt, dabei wurden um die 450 Menschen (Männer, Frauen, Kinder, Alte) ermordet. Die betroffenen Ortschaften heißen: Kefalovrísi, Káto Sými, Amirás, Péfkos, Vachós, Agios Vasílios, Áno Viánnos, Sykológos, Krevvatás, Kalámi, Loutráki, Mýrtos, Gdóchia, Ríza, Mourniés, Mýthi, Málles, Christós und Parsás (heute Metaxochóri).

Im Sommer 1945 wurden die deutschen Gräueltaten durch eine Kommission aufgenommen, die auf ganz Kreta Überlebende befragte und nach Zeugnissen der Gräueltaten suchte. Ein Kommissionsmitglied war der Schriftsteller Níkos Kazantzákis. Für den Bezirk Viánnos wurde festgehalten:

Kefalovrísi	35 Tote, 80 zerstörte Häuser, geplündert
Káto Sými	23 Tote, 245 zerstörte Häuser, niedergebrannt
Amirás	117 Tote, unzerstört
Péfkos	19 Tote, 80 zerstörte Häuser, niedergebrannt
Vachós	23 Tote, geplündert, unzerstört
Agios Vasílios	31 Tote, unzerstört
Sykológos	80 zerstörte Häuser
Krevvatás	21 Tote, 70 zerstörte Häuser
Kalámi	7 Tote, 40 zerstörte Häuser
Loutráki	niedergebrannt
Mýrtos	18 Tote (43 Tote nach anderer Quelle), 110 zerstörte Häuser
Gdóchia	37 Tote, 100 zerstörte Häuser, niedergebrannt
Ríza	18 Tote (45 Namen auf dem Gedenkstein in Ríza), 30 zerstörte Häuser

Mourniés	21 Tote, 110 zerstörte Häuser
Mýthi	4 Tote
Málles	17 Tote
Christós	7 Tote
Parsás (= Metaxochóri)	7 Tote
außerhalb der Dörfer	43 Tote.[151]

Eine nüchterne Zahlenreihe, die nur unzureichend das Grauen veranschaulicht, das dahintersteckt. Über die Vorkommnisse in Amirás heißt es im Bericht: *Als die Deutschen nach AMIRAS kamen, empfingen die Einwohner sie auf Empfehlung des Ortsvorstehers am Eingang des Dorfes mit Wein, Raki und Speisen in den Händen. Jene, die inzwischen die ganze Gegend umzingelt hatten, verhafteten alle Männer – ungefähr 100 – welche sie ohne Verfahren bis zum letzten etwas unterhalb der Landstraße hinrichteten. Derer* [sic!] *abschnittsweise erfolgende Hinrichtung dauerte von 10 Uhr morgens bis 4 Uhr nachmittags. Dazwischen ermordeten sie alle Greise und Invaliden, die sich nicht bewegen konnten, die sie in den Häusern fanden. Von diesen nennen wir den Gelähmten 80-jährigen Dim. Mathioudákis, in seinem Bett ermordet; den ebenfalls steinalten Emm. Grisbolákis, von Geburt an gelähmt. Mit seinem Bajonett wurde in seinem Haus auch der 20-jährige Matthaíos Synggelákis ermordet.*[152] Die Geschichte ist noch nicht zu Ende. Als die Soldaten abzogen, *wagten es die Frauen, sich dem Platz der Hinrichtung zu nähern. Die Gesichter der Tote waren entstellt, weil die Deutschen aus der Nähe auf ihre Köpfe gezielt hatten und so erfolgte das Erkennen oft nur anhand ihrer Bekleidung. „Das Gehirn meines Vaters und meines Bruders war am Boden verteilt", sagte uns eine Frau. Eine andere: „Meinen Sohn habe ich Stück für Stück genommen und in einen Sack getan, dann bin ich gegangen und habe ihn begraben."*[153] Menschen, die nicht gleich beerdigt werden konnten oder nur unzureichend mit Erde bedeckt worden waren, wurden von den Hunden gefressen. Noch zwei Jahre später, als die Kommission den Bezirk Viánnos aufsuchte, war die Situation im Ort bedrückend: *Die Kommission wird niemals den herzzerreißenden Anblick vergessen, der sich ihr bot, als sie Amirás erreichte, um das oben Geschilderte festzustellen; am Platz der Hinrichtung fand sie ungefähr 300 schwarz gekleidete Frauen mit ihren Kindern versammelt, trauernd, sich schlagend und Klagelieder singend. Am folgenden Morgen wurde am Hinrichtungsplatz ein Totengedenkgebet abgehalten; die aufgenommenen Fotografien können nur schwach wiedergeben, wie herzzerreißend das war.*[154]

Bereits am 13. September 1943, noch vor Beginn der sogenannten Vergeltungsaktion, war das gesamte Gebiet östlich von Viánnos und Árvi an der Südküste bis Mýthi und Mýrtos zur Sperrzone erklärt worden, die alle (überlebenden) Einwohner zu verlassen hätten. Blieb noch das Problem der von den Partisanen gefangen genommenen zwölf deutschen Soldaten zu lösen. Die Wehrmacht hatte ihrerseits über 200 Geiseln im Schulgebäude von Áno Viánnos festgesetzt und forderte die sofortige Freilassung der Soldaten, andernfalls... Es begann eine hektische Mission zur Freilassung der Wehrmachtsangehörigen, an welcher der Archimandrit Evgénios Psalidákis (später Erzbischof von Iráklion), der Bischof von Neápoli Dionýsios Maragoudákis, der Präfekt von Iráklion Manolis Xanthákis und der Ministergouverneur von Kreta (und willfährige Kollaborateur) Ioánnis Passadákis beteiligt waren. Ihnen allen dürfte der Ernst der Lage und die Gefahr einer weiteren Massenexekution bewusst gewesen sein. Ein erster Vermittlungsversuch am 16. September, bei dem zwei Priester mit sechs Begleitern zu den Partisanen in die Berge aufstiegen, war nicht erfolgreich. Kapetán Bandouvás ließ die Deutschen und das Verhandlungsteam wissen, dass die Gefangenen nach internationalem Kriegsrecht behandelt würden und seine Truppe Teil einer regulären griechischen Befreiungsarmee sei. Außerdem würden sie bei Repressalien gegen die Zivilbevölkerung erschossen. Was trotz der Massaker in den umliegenden Dörfern nicht geschah. Völlig überraschend wurden am 20. September zwei deutsche Soldaten, fünf Tage später die restlichen zehn Soldaten freigelassen, die genauen

Umstände sind nicht bekannt. Die griechischen Geiseln im Schulgebäude kamen ebenfalls frei, außerdem wurden – was zwischen den Parteien zudem ausverhandelt worden war – die Dörfer Loutráki, Amirás, Váchos und Ágios Vasílios vom Sperrbezirk ausgenommen. Der spätere Erzbischof von Iráklion, Evgénios Psalidákis, hätte durch seine Unterschrift bestätigen sollen, dass bei den *Maßnahmen* in Viánnos keine Verletzungen des internationalen Rechts stattgefunden hätten. Dieser ließ sich aber nicht einschüchtern, legte sein Brustkreuz ab und sagte dem deutschen Offizier: *Erschießt mich, aber eine verlogene Erklärung unterschreibe ich nicht; denn ich habe mit eigenen Augen Frauen mit aufgeschlitztem Bauch gesehen.*[155]

Kapetán Manólis Bandouvás war aufgrund der starken deutschen Präsenz nicht mehr in der Lage in seinem Gebiet zu operieren, musste nach Westkreta ausweichen und wurde im November 1943 auf einem britischen U-Boot nach Ägypten gebracht. Seine Partisaneneinheit löste sich auf und zerfiel in kleinere Gruppierungen.

Um diese Zeit begann auch auf Kreta verstärkt die Unterscheidung zwischen linken und rechten Widerstandskämpfern, die zwar alle die Befreiung Griechenlands von der deutschen Besetzung erkämpfen wollten, aber zueinander in starker Rivalität standen. Das führte zwischen einzelnen Partisanengruppen und der deutschen Besatzung zu temporären Kooperationen, die aus heutiger Sicht unverständlich erscheinen. Selbstverständlich lag es dabei auch im Interesse der Deutschen, die Widerstandsgruppen zu spalten. Das alles hat auch viel mit der notorischen kretischen Uneinigkeit und dem Sippendenken zu tun. Manche Familien schlossen sich der Gruppe A nur an, weil die mit ihnen verfeindete Familie der Gruppe B angehörte. Händel untereinander und unbeglichene Rechnungen waren da und dort auch dafür verantwortlich, dass sich manche Familien und Sippen auf die Seite Nazideutschlands schlugen.

Damit sind wir wieder beim sogenannten Sonderkommando Schubert, dessen Untaten man nicht in den schlimmsten

Träumen begegnen möchte. Den *Souberítes* wurde es ermöglicht, außerhalb jedes militärischen Reglements zu wüten, sie machten die Drecksarbeit, die sich nicht einmal abgebrühte Wehrmachtseinheiten antun wollten. Die monströse Spezialität der Truppe bestand darin, Menschen in ihren Häusern bei lebendigem Leib verbrennen zu lassen. Chef dieser Mörderbande war Friedrich (Fritz) Schubert, ein Deutscher mit weithin unbekanntem Lebenslauf, dessen langjährige Aufenthalte in Smyrna (Izmir) und Alexandria seinen Sprachschatz und sein Wissen um die Levante beachtlich erweitert hatten. Griechisch sprach Schubert mit türkischem Akzent. Seine zwischen hundert und zweihundert Mann starke Einheit bestand nicht aus deutschen Soldaten, sondern zu einem Gutteil aus griechischen Kriminellen, von denen etliche vom Dodekanes stammen sollten. Den Kern der Truppe bildeten fünfundvierzig Männer aus Krousónas, einem Großdorf südlich von Iráklion. Hier stellt sich natürlich sogleich die Frage nach dem Warum. Warum lassen sich Griechen und Kreter in deutsche und italienische Uniformen ohne Rangabzeichen stecken, eine Waffe in die Hand drücken und zur sogenannten Bandenbekämpfung einsetzen? Persönliche Abrechnungen? Jagd auf Kommunisten? Gier? Ausleben eines rohen Sadismus? Am ehesten kann man noch die Motivation der Kriminellen nachvollziehen, vielleicht moralbefreite Schwerverbrecher, die man mit bestimmten Versprechungen für die Truppe angeworben hat. Aber die Normalos aus Krousónas? Dort gab es anscheinend zwei politische Lager, die sich jeweils um eine Familie scharten. Die Grigorákis-Familie (Pro-Venizélos) ging in den Widerstand, ihr bekanntester Vertreter war Antónis Grigorákis, genannt *Satanás*. Die Tzoúlias-Familie (Anti-Venizélos) stellte nach der Eroberung Kretas mit Michális Tzoúlias den Dorfchef, der von den Deutschen eingesetzt worden war. Die Gegnerschaft der Familien war damit festgeschrieben. Es kam zunächst zu Beleidigungen und schließlich zu einem Mord. Die persönlichen Differenzen schienen ein Mitgrund zu sein, dass im Frühjahr 1942 Michális Tzoúlias und sein Sohn als Kollaborateure von den *Andarten* getötet wurden. Auch andere von den Deutschen eingesetzte Ortsvorsteher fielen in dieser Zeit Attentaten zum Opfer. Die Tzoúlias-Familie und ihre Anhänger wurden daraufhin von der Wehrmacht für die Partisanenbekämpfung bewaffnet und machten den Kern der *Souberítes* aus, die im Jahr darauf gebildet wurde. Der griechische Historiker Iassónas Chandrínos versucht eine Erklärung: *Die Mehrheit der Souberiten kam aus niedrigen sozialen und wirtschaftlichen Schichten, Kleinbauern, Landarbeiter, Arbeitslose, Abenteurer, Viehdiebe und andere Diebe, und besaßen nicht selten unterdurchschnittliche intellektuelle Fähigkeiten. Ihre Motivation zur Kollaboration lag im Wesentlichen in dem Wunsch, sich durch systematische Plünderungen zu bereichern.*[156] Auf alle Fälle brachte das Sonderkommando Schubert eine derartige Unruhe in die Besatzungspolitik der Wehrmacht, dass es Anfang 1944 auf das griechische Festland abgeschoben wurde (wo es weitere grausame Kriegsverbrechen beging). Nach Kriegsende wurden je nach Quelle alle oder nur ganz wenige Mitglieder der Mordtruppe zur Rechenschaft gezogen. Die Wahrheit wird irgendwo in der Mitte liegen: Nur sechs Männer aus Krousónas erhielten (kurze) Freiheitsstrafen, viel mehr ehemalige *Souberítes* starben durch Akte der Selbstjustiz. Fritz Schubert konnte zunächst entkommen, wurde aber nach seiner Wiedereinreise nach Griechenland erkannt und verhaftet. Ein Gericht verurteilte ihn zum Tod durch Erschießen. Das Urteil wurde im Beisein von Angehörigen der Opfer am 22. Oktober 1947 vollstreckt.

Wenn man sich mit der deutschen Besatzungszeit auseinandersetzt, kommt man an einem besonderen Ereignis nicht vorbei. Gemeint ist die sogenannte Kreipe-Entführung. Begeben wir uns daher im Geiste ins hübsche Weinstädtchen Archánes, 15 Kilometer südlich von Iráklion. In Archánes war das Kommando der 22. Infanterie-Division untergebracht, das heißt, hier befand sich das militärische Hauptquartier. Für alle, die es interessiert: Das Kommandogebäude steht noch und ist, wenn man von Iráklion kommend in Archánes einfährt, der erste markante Bau auf der rechten Straßenseite. Vier Kilometer nördlich davon liegt die Kreipe-Kreuzung (heute mit Denkmal). Natürlich heißt die Kreuzung in Wirklichkeit gar nicht so, außerdem wurde sie inzwischen in einen Kreisverkehr umgewandelt und ist aufgrund der vorbeiführenden Schnellstraße stark verändert. Hier war der Ausgangspunkt einer der seltsamsten Aktionen des Zweiten Weltkriegs, nämlich die Entführung von Generalmajor Heinrich Kreipe, dem Chef der 22. Infanterie-Division, durch ein britisch-kretisches Kommando.

Es verwundert überhaupt nicht, dass die einzige Generalsentführung des Krieges ausgerechnet auf Kreta stattfand, wo genau solche Aktionen den seit vielen Jahrhunderten gepflegten Inselmythos nähren. Die Tollkühnheit der Unternehmung wiegt deren militärische Wertlosigkeit hundertfach auf. Über die Hintergründe, den Ablauf und die Folgen der Entführung wurde bereits viel geschrieben.[157] Ursprünglich sollte nicht Kreipe entführt werden, sondern sein Vorgänger General Friedrich-Wilhelm Müller, unter dessen Kommando zahlreiche Kriegsverbrechen begangen worden waren (auch jenes von Viánnos). Als Müller versetzt wurde, blieb seinem Nachfolger Kreipe nur mehr die Rolle des Notnagels. Hier eine knappe Zusammenfassung der Geschehnisse: Am 26. April 1944 kurz nach 21.30 Uhr wurde der Generalswagen von Kreipe, der sich auf dem Weg vom Divisionskommando in Archánes zu seinem Quartier in der Villa Ariadne in Knossós befand, von den britischen SOE-Agenten Patrick Leigh Fermor und Stanley Moss angehalten. Die beiden trugen deutsche Uniformen und täuschten auf diese Weise einen nächtlichen Straßenkontrollpunkt vor. Nachdem der Fahrer außer Gefecht gesetzt und aus dem Wagen gezerrt worden war, rasten Leigh Fermor und Moss mit Kreipe und drei kretischen Widerstandskämpfern davon. (Der verletzte Fahrer Alfred Fenske wurde noch in derselben Nacht ermordet, was im Nachhinein allen Beteiligten sehr unangenehm war und in späteren Erzählungen nicht besonders breitgetreten wurde.) Vorbei an der Villa Ariadne ging es erst nach und dann mitten durch Iráklion, wo es von deutschem Militär nur so wimmelte, und durch die *Cha-*

nióporta im Westen wieder hinaus. Die Entführer konnten zweiundzwanzig Kontrollpunkte nur aufgrund der an den Kotflügeln des Fahrzeugs angebrachten Standarte und des Wimpels ungehindert passieren. Obwohl sich ein Großaufgebot von Soldaten auf die Suche nach Kreipe machte, konnte dieser nach einer wahren Odyssee über die kretischen Berge am 15. Mai 1944 an der Südküste an ein britisches Schnellboot übergeben werden, das ihn nach Ägypten brachte. Kreipe hatte Glück im Unglück. Unglück deshalb, weil er seinen Dienst auf Kreta erst angetreten hatte und dieser nun schon wieder zu Ende war. Niemand weinte ihm eine Träne nach und im deutschen Offizierskasino wurde auf diese tollkühne Aktion (Husarenstück!) sogar angestoßen. Auf jeden Fall hatte das Glück einen höheren Anteil: Für Kreipe war der Krieg damit zu Ende und es blieb ihm erspart, irgendwelche Terrormaßnahmen gegen die kretische Bevölkerung anordnen zu müssen. Das übernahm dann Friedrich-Wilhelm Müller, der im Sommer 1944 wieder nach Kreta beordert wurde. Da wurde es dann noch einmal sehr grausam.

Dennoch gab die Entführung der kretischen Bevölkerung einen unglaublichen Auftrieb, verbunden mit der Schadenfreude, dass dem Feind der Oberbefehlshaber vor seiner Nase gestohlen worden war. Der britische Historiker Antony Beevor lässt dazu einen griechischen Gewährsmann zu Wort kommen, der meinte, dass *out of 450.000 Cretans, 449.000 claimed to have taken part in the Kreipe operation.*[158]

Es gibt Ereignisse, wo sich im bestehenden Grauen noch ein weiteres Höllentor öffnet. Gemeint ist das Schicksal der jüdischen Bevölkerung von Chaniá, die am 29. Mai 1944 zusammengetrieben und in das Gefängnis von Agiá gebracht wurde. Anschließend sollte sie mit dem Frachtschiff *Tanais* nach Athen transportiert werden, von wo es weiter nach Auschwitz-Birkenau gegangen wäre. Der Frachter mit 265 Jüdinnen und Juden sowie einer Anzahl italienischer Kriegsgefangener und griechischer Häftlinge an Bord kam nie in Athen an. Er wurde auf seinem Weg dorthin in der Nacht von 8. auf 9. Juni vom britischen U-Boot *Vivid* torpediert und versenkt. Unter den 51 Überlebenden befanden sich keine Gefangenen.

Die auf Kreta verbliebenen Wehrmachtssoldaten zogen sich im Oktober 1944 nach Nordwestkreta in das Gebiet um Chaniá zurück und warteten dort auf bessere Zeiten, das heißt die einen auf das Kriegsende, die anderen darauf, von der Luftwaffe abgeholt zu werden, um vielleicht woanders noch schnell militärisch eingesetzt zu werden. Nachdem sich die Wehrmacht aus Griechenland zurückgezogen hatte, führten die 11.828 verbliebenen Wehrmachtsangehörigen zusammen mit 4.737 Italienern auf Kreta ein isoliertes Inseldasein[159], machten aus ihrem *festen Platz* einige Ausfälle, beschossen Dörfer und erschossen dabei noch eine ganze Reihe von Menschen. Ansonsten wurde ein reger Tauschhandel mit der Bevölkerung getrieben, in dessen Rahmen ausrangiertes Wehrmachtsgut sowie auch Bestände aus der Waffenkammer ihre Besitzer wechselten.

Eine Art Lager- oder Inselkoller (im eigentlichen Wortsinn) machte sich breit, Zeitzeugen berichten von Disziplinlosigkeit und Alkoholmissbrauch.[160] Die Situation führte zu teils abstrusen Mutmaßungen. So wurde etwa der Verdacht geäußert, *daß der Gegner systematisch mit verseuchten Dirnen arbeitet.*[161]

Die Kapitulation vor den Briten durch Generalmajor Hans-Georg Benthack fand am 9. Mai 1945 in Iráklion statt, wohin sich der deutsche Oberbefehlshaber per Flugzeug begeben hatte. Anschließend warteten die Wehrmachtssoldaten noch mehrere Wochen auf ihren Abtransport. Die Situation bei der Räumung des ersten noch besetzten Abschnitts scheint einem absurden Theater entnommen: Da der britische Autokonvoi auf seiner Fahrt von Iráklion nach Chaniá von linken ELAS-Partisanen beschossen wurde, schickte ihm die Wehrmacht einige Panzerwagen entgegen, um die Briten unbeschadet nach Chaniá zu eskortieren. Da standen nun die Deutschen, die in Kriegsgefangenschaft gehen sollten, den Briten bei, die sie gefangen nehmen sollten, und zwar gegen kretische Partisanen, die in den vergangenen Jahren gegen die Deutschen gekämpft haben und dabei von den Briten unterstützt wurden. Zu allem Überdruss wurden die Deutschen voll bewaffnet von den unterbesetzten Briten noch eine Zeitlang für sogenannte Sicherungsaufgaben eingesetzt. Diese Sicherungsaufgaben richteten sich in erster Linie gegen die ELAS-Partisanen, was bei vielen Kretern ganz schlecht ankam.

Noch nach der Kapitulation wurden vier deutsche Soldaten auf Befehl von Generalmajor Benthack erschossen, drei standrechtlich, einer hinterrücks.[162] Der Obergefreite Frembgen hatte damit gedroht, den ganzen Divisionsstab in die Luft zu sprengen, sollten Benthack und sein Stab auch nach der Kapitulation weiterkämpfen wollen. Frembgen wurde daraufhin zu zwei Jahren Haft verurteilt, Benthack ordnete aber trotz eines Protests durch den Divisionsrichter mündlich die Erschießung Frembgens an. Das Urteil wurde am 11. Mai 1945 vollstreckt. Weshalb gemeinsam mit Frembgen der Obergefreite Stoppacher und der Soldat Dvorak ebenfalls exekutiert wurden, konnte nachträglich nicht mehr festgestellt werden. Beide saßen wegen eines gewalttätigen Angriffs auf einen Vorgesetzten ohne Urteil im Gefängnis. Benthack bestritt später, deren Exekution angeordnet zu haben.

Der Obergefreite Grommes wiederum saß wegen unterschiedlicher Delikte im Militärgefängnis und hatte dort herumerzählt, dass er sich nach seiner Entlassung als Genickschusskommissar betätigen werde. Seine Tötung geschah unauffällig. Er wurde am 12. Mai in die Kleiderkammer gelockt, dort hinterrücks erschossen und auf dem Gelände des Militärgefängnisses verscharrt. Auch mit dem Tod von Grommes wollte Benthack nichts zu tun gehabt haben. In einem Gerichtsverfahren in Hamburg 1953 wurde er freigesprochen: Im Fall der Exekution des Obergefreiten Frembgen gestand ihm das Gericht *begründeten Verbotsirrtum* zu.[163]

Im Juli 1945 wurden die letzten deutschen Soldaten aus Kreta nach Ägypten abtransportiert, wo sie teils bis 1948 in Kriegsgefangenschaft blieben. Wie es in den ägyptischen Lagern teilweise zuging, hat Rudolf Bilgeri in seinem hinterlassenen Tagebuch geschildert.[164]

Und wie ging es auf Kreta weiter? Als am 11. Oktober 1944 der abziehende deutsche Truppenkonvoi Iráklion durch ein Spalier jubelnder Menschen und ein griechisches Fahnenmeer durch die *Chanióporta* auf Nimmerwiedersehen in Richtung Westen verließ, kamen im selben Moment auf der anderen Seite die unterschiedlichen Widerstandsgruppen in die Stadt beziehungsweise waren schon da. Auch Bandouvás und sein früherer Vize Giánnis Podiás betraten die Bühne. Linke (ELAS)[165] und rechte (EOK)[166] Gruppen bemühten sich am Vorabend des heraufziehenden griechischen Bürgerkriegs um einen wackeligen Burgfrieden. Dieser wurde kurzzeitig ernsthaft gestört, als am 13. Oktober in Iráklion der rechte Anastásis Boutzális den linken Giánnis Podiás mit einem Schnellfeuergewehr niederschoss. Weniger aus politischen Gründen, sondern weil er annahm, Podiás hätte seine Tochter vergewaltigt. Boutzális wurde verdächtig schnell zum Tode verurteilt und hingerichtet, Podiás überlebte schwer verletzt. Später schloss er sich der (kommunistisch geprägten) *Demokratischen Armee Griechenlands* (DSE) an und ging mit den ehemaligen ELAS-Partisanen in die kretischen Berge.

Jetzt wurde auch auf Kreta wieder gekämpft, wenngleich der Bürgerkrieg hier nur von relativ kurzer Dauer war. Die grausam geführten Auseinandersetzungen waren keine kretische Besonderheit, sondern fanden in ganz Griechenland statt. Höhepunkt der DSE-Aktivitäten auf Kreta war die Eroberung und kurzzeitige Besetzung von Ierápetra im Mai 1947. Die kleinen DSE-Gruppen wurden im Juni/Juli 1947 in gebirgigen Ostkreta und im Psilorítis-Massiv von Gendarmerieeinheiten und paramilitärischen Verbänden unter Manólis Bandouvás aufgerieben. Der tote Podiás wurde enthauptet und sein von Boutzális zerschossener Arm abgetrennt. Daraufhin ging es mit den beiden Trophäen im Triumphmarsch Richtung Iráklion, wo Kopf und Arm durch die Straßen der Stadt getragen wurden. Zumindest auf Kreta war der Bürgerkrieg damit mehr oder weniger zu Ende. Die anschließenden Säuberungen wurden zum Teil mit großer Brutalität geführt, zum Beispiel fand man erst 1948 die Leichen der beiden kommunistischen

Aktivistinnen María Lioudáki und María Drandáki enthauptet in einer Schlucht. Heute ist in Ierápetra eine Straße nach den beiden Frauen benannt, außerdem gibt es in der Stadt das *Bildungszentrum María Lioudáki.* Kapetán Bandouvás, der Lioudáki und Drandáki seinerzeit *verhaftet* hatte, verstarb 1984 friedlich in seinem Bett.

Die Entführung

Im Jahr 1950 spielte sich auf Kreta und in Athen ein neugriechisches Drama ab. Die Ereignisse besaßen sämtliche Zutaten für eine süß-saure Herz-Schmerz-Geschichte, wie sie von den Medien gern kolportiert und von den Menschen gern konsumiert werden.

Am Sonntag, dem 20. August 1950, um 22.50 Uhr verließ die 19jährige Tasoúla Petráki gemeinsam mit ihrer Schwester und deren Bräutigam das Freiluftkino *Oasis* in Iráklion. Das Kino befand sich an der Außenseite der Stadtmauer in unmittelbarer Nähe der *Kainoúrgia Pórta*. Kaum war die Gruppe auf der Straße ging alles sehr schnell: Ein Mann näherte sich Tasoúla, packte sie, schob sie in einen PKW, in dem bewaffnete Männer saßen, und stieg selbst ein, worauf das Auto mit hoher Geschwindigkeit davonraste. Das war der Beginn einer Entführungsgeschichte, die für mehrere Wochen die griechische Innenpolitik beschäftigte, Kreta an den Rand eines Bürgerkrieges brachte und Zeitungen auf der ganzen Welt mit dem Stoff eines neugriechischen Dramas versorgte.

Die Hauptdarsteller hießen Anastasía Petráki, von allen nur Tasoúla genannt, und Konstantínos Kefalogiánnis, der überall Kóstas hieß. Kóstas war jener Mann, der, in heißer Liebe für Tasoúla entbrannt, sie vor dem *Oasis*-Kino entführte. Der Brautraub durch einen verliebten Mann war auf Kreta nichts Ungewöhnliches. Es zählte in gewisser Weise zu einer Art Brauch auf patriarchaler Grundlage. Er wurde von jungen Männern praktiziert, wenn vorauszusehen war, dass der Vater der Angebeteten mit einer Vermählung nicht einverstanden sein würde. Ein Mitgrund, weshalb diese Entführungsgeschichte derartige Wellen schlug, lag in dem Umstand, dass alle Darsteller (ausgenommen von Tasoúla handelte es sich tatsächlich nur um Männer) mehr oder weniger miteinander bekannt waren und innerhalb der schwierigen griechischen Kriegs- und Nachkriegsgeschichte in einer bestimmten gesellschaftlichen und politischen Beziehung zueinanderstanden.

Während Kóstas und seine Angebetete im unwegsamen Gebirgsmassiv des Psilorítis in einer Höhle saßen, die er zuvor als gemeinsames Versteck ausgesucht hatte, lief der Vater von Tasoúla in Sachen Zorn und Empörung zur Höchstform auf. Tasoúlas Vater war nicht irgendwer. Er hieß Giórgios Petrákis, allen bekannt unter seinem Rufnamen Petrakogiórgis, war wohlhabend, einflussreich, während des Krieges Partisanen-Kapetán, 1944 an der Entführung von Generalmajor Heinrich Kreipe beteiligt und jetzt, 1950, Abgeordneter der Liberalen Partei (Κόμμα Φιλελευθέρων, *Kómma Filelefthéron*) im griechischen Parlament. Außerdem war er Kreter und daher schnell in seiner Ehre verletzt. Den Entführer bezeichnete er als einen ungebildeten Bauern und Lümmel, *der nichts könne, als mit seinem angeblich größten Schnurrbart auf Kreta zu prahlen.*[167] Die Reaktion des Vaters war insofern interessant als er in jungen Jahren selbst seine Braut geraubt hatte.

Schnurrbartträger und Familienehrebeschmutzer Kóstas Kefalogiánnis, allgemein bekannt unter seinem Rufnamen Kuntókostas, war auch nicht irgendwer. Seine weitverzweigte Familie war ebenfalls einflussreich, Kuntókostas war während des Krieges ebenfalls Partisan und an der Kreipe-Entführung beteiligt, außerdem als Draufgänger bekannt. Kóstas' Bruder saß ebenfalls im Parlament, allerdings als Abgeordneter der Volkspartei (Λαϊκόν Κόμμα, *Laïkón Kómma*). Zur persönlichen Schmach von Vater Petrakogiánnis kam daher noch die politische Diskrepanz. Die Liberalen waren eine traditionell antimonarchistische Zentrumspartei und befürworteten grundsätzlich eine republikanische Staatsform, während die Volkspartei stramm rechts und königstreu ausgerichtet war.

Während Kóstas der entführten Tasoúla in der Psilorítis-Höhle seine Liebe schwor und versuchte, sie zur Heirat zu überreden, holte der beleidigte Vater zum Gegenschlag aus. Er zeigte den Vorfall bei der Polizei an und erklärte gleichzeitig, dass diese Beleidigung nur mit Blut abgewaschen werden könne: *Wir werden mit den Kefalogiánnis zusammenstoßen...*[168] Das war nicht einfach so dahergeredet, Giórgios Petrákis meinte es tatsächlich ernst.

Das wusste auch der Bruder des Entführers, der Parlamentsabgeordnete Manólis Kefalogiánnis. Er suchte daher den zornigen Vater auf und teilte ihm mit, dass er mit dem Vorgehen seines Bruders in keiner Weise einverstanden sei. Man solle jeden Konflikt zwischen den Familien vermeiden und alles der Polizei und Justiz überlassen. Doch Giórgios Petrákis ließ sich nicht umstimmen. In seiner Brust schlug, wie es hieß, *das Herz des kompromisslosen und stolzen Rebellen.*[169] Der Grund für dieses Verhalten setzte sich aus unterschiedlichen Elementen zusammen: Neben der chronischen Streitlust kretischer Clans untereinander spielte auch die nur wenige Jahre zurückliegende deutsche Besatzungszeit mit ihrer Partisanentätigkeit eine Rolle, noch mehr aber die Nachwirkungen des griechischen Bürgerkriegs, der auf dem Festland gerade erst ein Jahr vorher zu Ende gegangen war. Man lebte noch ganz in der Erinnerung an wilde und gewalttätige Zeiten. Innenpolitisch ging es in Griechenland drunter und drüber: Von 1945 bis zum Zeitpunkt der Entführung gab es 17 verschiedene Regierungen! Stabilität sah anders aus.

Am 22. August 1950, zwei Tage nach der Entführung, gab es in Iráklion eine Solidaritätskundgebung für die Familie Petrákis, bei der es unter anderem hieß: *Das gesamte Volk von Iráklion* [gemeint ist hier die Präfektur] *hat in einer allgemeinen Kundgebung den Nationalen Widerstand von Kreta aufgefordert und ermächtigt, energisch zu handeln und die Ehre und Würde des Abgeordneten Petrakogiórgis wiederherzustellen, dessen Tochter von gewöhnlichen Kriminellen aus Anógia entführt wurde, wodurch die Ehre und Würde der gesamten Präfektur von Iráklion beleidigt wurde.*[170] Tasoúlas Bruder, der gerade in den USA studierte, meldete sich aus Übersee und ließ verlauten, dass er notfalls sein Studium unterbrechen und nach Kreta zurückkehren werde, um für die Befreiung seiner Schwester zu kämpfen. Unerwartete Hilfestellung erhielt

Tasoúlas Vater durch den ehemaligen Partisanenführer und Paramilitär Manólis Bandouvás, den wir bereits an anderer Stelle kennengelernt haben (siehe Kapitel Sehr schlechte Zeiten). Bandouvás, eigentlich mit Petrakogiórgis verfeindet, bot diesem für die kommende Auseinandersetzung seine Unterstützung und seine bewaffneten Männer an.

Auf beiden Seiten bereiteten sich je rund tausend bewaffnete Männer auf den herannahenden blutigen Konflikt vor. Während die Petrákis-Anhänger das Gebirgsmassiv des Psiloritis nach Tasoúla absuchten, dämmerte den Politikern in Athen langsam die heraufdräuende Gefahr. Gerade einmal einen Tag nach der Entführung war Sofoklís Venizélos zum zweiten Mal in diesem Jahr griechischer Premierminister geworden. Er traf sich mit dem Vorsitzenden der Volkspartei, Konstantínos Tsaldáris, um die weitere Vorgangsweise zu besprechen. Tsaldáris schlug vor, er und Venizélos könnten als Trauzeugen des Paares auftreten und damit zur Beruhigung des Konflikts beitragen. Der Vorschlag stieß bei Venizélos jedoch auf Ablehnung, da er fürchtete, sein Partreifreund Petrákis könnte sich durch diesen Schritt gegen ihn wenden.

Stattdessen ließ er die Staatsmacht aufmarschieren. Eine 2.000 Mann starke Truppe, bestehend aus Gendarmerie und Armee, wurde in Bewegung gesetzt, um einerseits Entführer und Entführte aufzufinden, andererseits die Privatarmeen der beiden Familienclans auseinanderzuhalten und zu entwaffnen. Das erste völlig unschuldige Opfer dieser Maßnahme hatte einfach Pech. Ein Schafhirte wurde angeschossen, weil er für einen Komplizen des Entführers gehalten wurde und man dessen Hirtenstock als Gewehr ansah. Über die Präfekturen Iráklion und Réthymnon wurde das Kriegsrecht verhängt, das Gebiet rund um den Psiloritis zur Sperrzone erklärt, auf Kefalogiánnis ein Kopfgeld von 30 Millionen Drachmen ausgesetzt (und nach Protesten seiner Familie wieder zurückgezogen). Der auf der Insel berühmte und anerkannte Brite Patrick Leigh Fermor – er hatte 1944 die Entführung des deutschen Generalmajors Heinrich Kreipe organisiert – wandte sich brieflich an die verfeindeten Familien mit dem Appell, eine friedliche Lösung zu finden. Sogar Spyrídon, Erzbischof von Athen und ganz Griechenland, schickte einen Brief an alle Beteiligten und ersuchte sie, Ruhe zu bewahren.

Das ganze Land stand plötzlich im Bann der Entführung und wurde von den Medien laufend mit richtigen und frei erfundenen Informationen versorgt. Die Regierung stellte die Zeitungen unter Zensur, was diese aber nicht von der Berichterstattung abhielt. Inzwischen wurde der Stoff auch von ausländischen Zeitungen entdeckt, die das Thema dankbar aufgriffen. Die Ereignisse besaßen sämtliche Zutaten für eine süß-saure Herz-Schmerz-Geschichte, wie sie von den Medien gern kolportiert und von den Menschen gern konsumiert werden. Die Rede war von Paris und Helena, von einem neuen zehnjährigen Trojanischen Krieg, der nun wegen der Entführung ausbrechen würde, von einer Romeo und Julia-Romanze zweier verfeindeter Familien. Dabei konnte zeitweise schon auch die Fantasie der Redakteure ein wenig durchgehen. Da hieß es etwa, dass es sich bei den Beteiligten um Menschen handelte, die sich über Dinge aufregen oder sie in Raserei versetzen, die den Mittel- oder Westeuropäer kalt lassen, deren Gefühlsleben keine Grenzen gesetzt sind, *was auch der Politik dieser leidenschaftlichen Menschen eine radikale Note und eine Ausstrahlungsstärke gibt, die nichts verschont und alles in ihren versengenden Bann zieht.*[171] Etwas weniger aufwühlend, dafür mehr ins Märchenhafte gehend heißt es in einer anderen Zeitung, Tasoúla hätte eine Friedensdelegation in der fackelerleuchteten Höhle auf dem Berg Ida empfangen, auf einem Strohsack sitzend, aber mit der Würde einer Königin.[172] In den Londoner Wettbüros wurden Wetten von 2 zu 1,5 für die Hochzeit, 7 zu 1 für die Trennung und 3 zu 1 für einen neuen Bürgerkrieg abgeschlossen.[173]

Der Bürgerkrieg fand – wie man weiß – nicht statt. Die Gendarmerie entwaffnete die gegnerischen Gruppen, womit gewalttätige Auseinandersetzungen zumindest im großen Stil unterbunden wurden. In der Zwischenzeit plante der Parlamentsabgeordnete Manólis Kefalogiánnis, seinen Bruder und

Tasoúla aus der Schusslinie zu nehmen und beide nach Athen auszufliegen. Was auch tatsächlich geschah.

Doch vorher fand noch eine Hochzeit statt, wenn auch unter einfachsten Bedingungen. Kóstas und Tasoúla verließen ihr Versteck und begaben sich ins Kloster Diskoúri am Fuße des Psiloritis, um sich dort trauen zu lassen und der Beziehung damit Legitimität zu verleihen. Die Zeremonie besaß alle Zutaten einer Nottrauung: Ringe für die Verlobung waren keine vorhanden und als Kronen wollte man Weinlaubgirlanden verwenden. Retter in der Not war der Trauzeuge Michális Chnáris, der Ringe und Kronen aufgetrieben hatte. Einer der beiden Ringe war sein eigener. Die Trauung nahm Klosterabt Kallínikos Vámvoukas vor. Zuvor versuchte er noch, den wahren Willen von Tasoúla zu erforschen, worauf sie erklärte, Kóstas Kefalogiánnis aus freien Stücken zu heiraten. Sie war seit einer Woche volljährig. Anschließend ging es ins Dorf Dorf Garázo, wo Gendarmeriegeneral Geórgios Samuíl das Paar in Empfang nahm und mit ihm nach Athen flog.

In der Hauptstadt erwartete die beiden ein wahres Blitzlichtgewitter und das Drama setzte sich unvermindert fort. Die Medien waren näher am Geschehen, sodass hier ungehemmt sehr viel einfacher über die weiteren Ereignisse berichtet werden konnte. Die Geschichte ging wie folgt weiter: Erzbischof Spyrídon hieß die jungen Eheleute in Athen willkommen und nahm sie in seinem Palais auf. Vater Petrakogiórgis – inzwischen ebenfalls in Athen – war wütend und verlangte, seine Tochter zu sehen. Diese war am ersten Tag in Athen voll damit beschäftigt, an die jungen begeisterten Athenerinnen, wie es in Griechenland Brauch war, Bonbons zu verteilen. Kurze Zeit später wurde es aber wieder ernst. Die Polizei umzingelte nachts das erzbischöfliche Palais und verhaftete Kefalogiánnis in der Früh wegen Entführung und unerlaubten Waffenbesitzes. Tasoúla wurde, wie es hieß, *von der Familie ihres Entführers erneut entführt und an einem nicht bekannten Ort in der griechischen Hauptstadt untergebracht.*[174] Daraufhin beauftragte das Innenministerium die Polizei, Haus für Haus in Athen zu durchkämmen, um Tasoúla zu finden.

Am Freitag, dem 8. September 1950, fand schließlich die Vorverhandlung statt. Drama pur: Die moderne Helena Kretas, wie sie die Presse betitelte, erschien vor einem Athener Gerichtshof, um in der Klage ihres Vaters gegen ihren Gatten wegen Entführung als Zeugin auszusagen. Beobachtern zufolge trug sie bei ihrem Auftritt ein schwarzes Seidenkleid und Nylon-Strümpfe, *sah entzückend aus … (und) wurde von den Zuschauern jubelnd begrüßt.*[175] Der Staatsanwalt entschied, dass die Ehe Gültigkeit habe und daher keine Entführung vorliege. Tasoúlas Vater ließ dem Paar mitteilen, er werde gegen die Heirat keine weiteren Einwendungen erheben, falls seine Tochter zurückkehre und ihm selbst erkläre, dass sie Kóstas liebe. Vor dem Büro des Ermittlers fand schließlich ein Vater-Tochter-Treffen statt: Tasoúla bat um den Segen ihres Vaters, weiters darum, Blutvergießen zu vermeiden, und fiel dann in Ohnmacht.[176] Kefalogiánnis wurde inzwischen seinem Ruf als Draufgänger gerecht. Als wenn er nicht schon genug in Schwierigkeiten steckte, eröffnete er aus der Untersuchungshaft eine weitere Front, indem er Manólis Bandouvás zum Duell forderte, das aber nie stattfand.

Fünf Monate später, am 13. Februar 1951, begann schließlich der Prozess gegen Kóstas Kefalogiánnis. Tasoúla war nicht anwesend. Stattdessen schickte sie Briefe, die vor Gericht verlesen wurden. Darin unterstützte sie ihren Mann und lobte sein ritterliches Verhalten. Wegen Bandenbildung und Waffentragens wurde Kefalogiánnis schlussendlich zu zwei Jahren Haft verurteilt, von denen er 17 Monate absitzen sollte. Inwieweit bei der Anklage und dem Urteil politische Motive mitspielten, lässt sich nur erahnen.

Die ganze Geschichte ging ohne neue Höhepunkte relativ unspektakulär zu Ende: Kurz nach der Entlassung von Kefalogiánnis aus der Haft ließ sich das Paar scheiden. Aus einer anderen Quelle ist zu erfahren, dass gar keine Scheidung stattfand, weil das Athener Gericht erster Instanz die Ehe inzwischen für ungültig erklärt hatte. Als Grund für die Annulierung wurde angeführt, dass Tasoúla zum Zeitpunkt der Eheschließung noch minderjährig war.[177] Was sich mit der vorherigen Erwähnung der Volljährigkeit zum Zeitpunkt der Trauung widerspricht. Aber wie auch immer, das Paar trennte sich auf Nimmerwiedersehen, im wahrsten Sinne des Wortes.

Kóstas Kefalogiánnis ging wieder nach Kreta und heiratete seine Bekannte Stella Dramuntáni, mit der er zwei Töchter und zwei Söhne hatte. Ein Sohn ging in die Politik und durchlief als Mitglied der konservativen *Néa Dimokratía* zahlreiche politische Ämter.[178] Kóstas starb bereits 1988. In der Kleinstadt Gázi, dem westlichen Nachbarort von Iráklion, wurde 2002 eine Büste von ihm aufgestellt, die an seine Verdienste als Widerstandskämpfer erinnert. (Tasoúlas Vater Petrakogiórgis wurde 2009 mit einem Bronzedenkmal in seinem Geburtsort Magarikári geehrt.)

Die wahre Heldin dieser Geschichte aber heißt wohl Tasoúla. Sie war mit der Bedrohung ihres Lebens, des Lebens ihres Entführers, des Lebens ihres Vaters und mit der Möglichkeit eines bewaffneten Konflikts konfrontiert, und musste Entscheidungen fällen, die in jedem Fall die weitere Entwicklung der Geschehnisse beeinflussten. Vielleicht kam ihrem Entschluss, in dieser Situation einen Mann zu heiraten, den sie nicht liebte, die ritterliche Haltung ihres Entführers entgegen. Nach dessen Entlassung aus dem Gefängnis 1952 verließ Tasoúla heimlich das Haus der Kefalogiánnis-Familie und kehrte zur Familie ihres Vaters zurück. Damit dieser Schritt kein neues Ungemach hervorrief, ließ Petrakogiórgis seine Tochter bei der Polizei eine eidesstattliche Erklärung unterschreiben, dass ihre Rückkehr freiwillig (und nicht vom Vater erzwungen) stattfand. Die anschließende Zeit verbrachte sie psychisch angeschlagen in Míres, wo sie sich im Elternhaus verkroch.[179]

1954 heiratete sie in Athen den Arzt Sofoklís Adamídis, übersiedelte mit ihm nach Thessaloniki, wurde Mutter zweier Söhne und lebte abseits jeder Öffentlichkeit. Ihre größte Sorge bestand darin, dass durch unbedachte Worte der alte Streit unter den Familien wieder aufbrechen könnte. 31 Jahre nach der Entführung äußerte sie sich im Rahmen eines Fernsehinterviews zu den damaligen Geschehnissen. Es war ihr einziger öffentlicher Auftritt zu diesem Thema. Verwandten und Freunden erzählte sie, dass ihre Entführungsgeschichte einzig von den Medien zu einer Romanze umgedeutet worden war und die Wahrheit ganz anders ausgesehen hatte. Tasoúla Adamídou starb im November 2022 im Alter von 92 Jahren und wurde in Iráklion am Friedhof Ágios Konstantínos beigesetzt. Ein Denkmal zu ihren Ehren gibt es bis heute nicht.

Ruinenland

Seit über 3.000 Jahren lebt Kreta mit Bauruinen. Sie sind minoischen Ursprungs, stammen aus der hellenistisch-römischen Zeit, sind Überbleibsel der venezianischen und osmanischen Herrschaft sowie aus allen Zeiträumen dazwischen. Augenfällig sind die Ruinen des 20. und 21. Jahrhunderts, die mittlerweile gehäuft ins Blickfeld treten.

Immer schon wollte ich etwas über die kretische Ruinenkultur schreiben. Wir aus dem westlichen Kulturkreis lieben ja Ruinen, ganz besonders Burgruinen, im Angesicht derer wir von geharnischten Rittern und zart besaiteten Burgfräulein (*Ihre Haut war weiß wie Schnee*) träumen und auf diese Weise unsere Geschichtsbilder zusammenfantasieren. Beliebte Vertreter baulicher Vergänglichkeit sind ebenso ruinöse Kathedralen, verfallene Klöster, etruskische Nekropolen und die ganze Stadt Pompei.

Bei einem meiner letzten Kretaaufenthalte habe ich wieder einmal meine persönliche Urruine zu Gesicht bekommen. Das mit der Urruine war so: Als ich im September 1976 mit dem Taxifahrer Periklís von Sitía nach Erimoúpolis unterwegs war, fiel mir das Monstrum das erste Mal ins Auge. Ungefähr fünf oder sechs Kilometer östlich von Sitía stand links von der Straße direkt an der Küste ein ausgedehntes Ruinenetwas, das ich in dem Moment, als ich mit Periklís in seinem grauem Toyota daran vorbeifuhr, für einen noch nicht beendeten Rohbau hielt. Das noch hätte ich mir ersparen können. Der ausgedehnte Betonkomplex, erklärte Periklís in seinem unnachahmlichen Sprachkauderwelsch, hätte einmal ein Strandhotel werden sollen. Der Bau sei aber behördlich eingestellt worden. Als Grund für den Baustopp machte Periklís nur ungenaue Angaben, ebenso wie später andere Menschen, die ich danach fragte. Sie lauteten in etwa: keine Baugenehmigung oder zu nah am Wasser gebaut. Letzteres kann ich bestätigen. Bei Wellengang klatscht das Meer schnell einmal an die Ruine.

Über dreißig Jahre später fuhr ich mit einem jungen Taxifahrer namens Níkos an der unverändert vor sich hinwelkenden Betonruine vorbei. Ob er vielleicht Näheres darüber erzählen könne? Aber Níkos winkte ab und meinte im ausgezeichneten Taxifahrer-Englisch, dass die Ruine immer schon dastand. Damit hatte er, was ihn persönlich betraf, nicht unrecht, aber mehr wusste er auch nicht. Außerdem wollte er viel lieber über die drohende Freigabe der Taxi-Lizenzen sprechen. Einmal noch, und zwar 2016, unternahm ich den Versuch, Erkundigungen einzuholen über diese in ihrer Art überaus bedeutende Vertreterin kretischer Ruinenkultur des 20. Jahrhunderts (← das hört sich jetzt an wie eine Halbsatzhülse in einem Kulturreiseführer). Und zwar in der gegenüber der Ruine situierten Taverne Ο ΒΛΑΧΟΣ (O VLACHOS), frei übersetzt und auf mitteleuropäische Breiten übertragen *Zum fidelen Berghirten.* Da der Wirt, der laufende Fernsehapparat und ich die einzigen Anwesenden waren, konnte ich mit meiner Fragerei beginnen, ohne den *taverniáris* von seiner Arbeit abzuhalten. Doch da war nichts zu erfahren. *Kapunt!* antwortete der *taverniáris* schnauzbärtig und meinte damit den Erbauer der Ruine. Ja, gut, und weiter? *Kapunt!* sagte der *taverniáris* aufs Neue und deutete das Schaufeln eines Grabes an, dazu lachte er dreckig. Als ich das letzte Mal mit meinem Fiat Punto-Leihwagen an besagter Stelle vorüberzog, stand die Megaruine aus der Zeit um 1970 n. Chr. wie eh und je unverwüstlich unter der kretischen Sonne und trotzte den Elementen, während die Taverne meines damaligen Gesprächspartners Ο ΒΛΑΧΟΣ, der fidele Berghirte, inzwischen selbst *kapunt* war. So kann's gehen.

Alle, die Kreta kennen, wissen auch, dass die Insel mit Bauruinen aus dem 20. und 21. Jahrhundert (n. Chr.) geradezu übersät ist. Die niemals fertig gewordenen und werdenden Häuser sind mir bereits bei meinem ersten Kretaaufenthalt aufgefallen, wo im unteren Hausteil bereits gewohnt wurde, während im ersten Stock noch das volle Baustellenprogramm lief (oder umgekehrt: als im oberen Hausteil bereits gewohnt wurde, während im offenen Parterre die Hundehütte oder das Auto stand). Seither hat sich die Zahl dieser modernen Halb- und Ganzruinen vervielfacht. Wiedererkennbares Spezifikum: Aus dem oberen Ende der Betonstützpfeiler ragt die Bewehrung heraus. Bei Kreta- bzw. Griechenlandkennern bilden diese halben Bauwerke seit Langem einen Quell für angeregte Diskussionen, besonders in den Foren des Internets.

Als eines von vielen lassen wir hier das Forenmitglied *Paneeel* zu Wort kommen: *Weiss jemand, weshalb die komischen Griechen so oft Häuser bauen, auf deren Dach immer noch die Bewehrungen rausschauen- Also warum sie immer gerne unfertige Häuser bauen? Ich meine, das hat was damit zu tun, dass sie irgendein Gesetz haben, wegen dem die unfertigen Häuser ‚billiger' sind als die ganzen... Aber welches Gesetz genau ist das? Oder stimmt das überhaupt? Irgendeinen Sinn hat dieses seltsame Bauverhalten jedenfalls, das weiss ich! Wäre doch toll, wenn mir das jemand beantworten kann.*

Die Anfrage von *Paneeel* förderte – wie nicht anders zu erwarten – unterschiedliche Mutmaßungen zutage. *Samsarah* antwortet: *Z.T. hat es damit zu tun, dass viele Häuser ohne Baugenehmigung gebaut werden. Und solange das Gebäude nicht fertig ist, kann es auch nicht als „illegales Gebäude" wieder abgerissen werden.* Forenmitglied *StarlightJD* sieht den Grund ganz woanders: *Die komischen Griechen lassen aus ihren Häusern die Bewehrung rausgucken, und bauen sie nicht fertig, weil sie, solange der Bau nicht abgeschlossen ist, noch finanzielle Unterstützung vom Staat bekommen. Das ist der einzige Grund für die „seltsame" Bauweise.*[180]

Auf einer weiteren Plattform[181] ist es *wurst3582*, der eine ähnliche Frage zum Thema stellt: *Stimmt es, dass man in Griechenland keine Steuern für ein Haus zahlen muss, solange es noch nicht fertig gebaut ist... Und deshalb so viele Häuser einfach halb fertig rumstehen. Hat mir letztens jemand erzählt, stimmt das?* Und, Leute, stimmt das? *BonniesRanch* meint Ja: *Ja, das ist zutreffend. Das ist mir seit Jahrzehnten bekannt und ein befreundeter Grieche hat es erneut bestätigt.* Auch *Malustra* ist dieser Meinung, wenn auch nicht ganz eindeutig: *So ist es. Ich kann mir sehr gut vorstellen, daß ein Teil des Gebäudes genau aus diesem Grunde einfach im Rohbau gelassen wird, und zwar dauerhaft.* Forenmitglied *Xamekon* hat einen völlig anderen Ansatz: *Gott-sei-Dank sind die Antworten alle Blödsinn. Tatsächlich ist es nämlich folgendermaßen: In Griechenland kann man im Gegensatz zu Deutschland nicht einfach zur Bank gehen und bekommt dort einen Kredit, um ein Haus zu finanzieren - auch dann nicht, wenn man über ein regelmäßiges und einigermaßen hohes Einkommen verfügt. Also spart man erst und baut immer dann weiter, wenn grad mal wieder genug Geld da ist. Viele haben den Wunsch, die volle zulässige Etagenzahl irgendwann einmal auszuschöpfen, leider dauert es bis dahin in der Regel SEHR, SEHR lange. Also, beim nächsten Mal einfach mal darauf achten: Die Häuser, die über die maximale Etagenzahl (i.d.R. 3 Etagen)* [verfügen], *sind eigentlich immer fertig.*

Die Ausführungen von *Xamekon* scheinen mir von den hier gebrachten am glaubwürdigsten. Man baut, wenn Geld da ist. Und jetzt kommt mein Senf auch noch dazu. Das griechische Baurecht besagt, dass eine Baugenehmigung ab ihrer Bewilligung für vier Jahre gültig ist. So hat es mir mein Informant Gerhard alias Gerassimos aus Péri mitgeteilt. Nachdem er in der kretischen Baubranche tätig ist, sollte er es eigentlich wissen. Eine schriftliche Bestätigung dafür habe ich zum Beispiel hier gefunden: https://elxis.com/de/frequently-asked-questions/. Das heißt: All jene, die eine Baugenehmigung erhalten, beginnen innerhalb dieser Frist zu bauen. Wie rasch der Baufortschritt ist, steht auf einem anderen Blatt und manchmal in den Sternen. Diese Vierjahresfrist gilt seit 2012. Daraus erklärt sich – meiner bescheidenen Ansicht nach – der ab diesem Jahr entstandene Bauboom. Damit verbunden ist der sichtbare Anstieg der viertel- und halbfertigen Gebäude sowie der bereits aufgegebenen Bauten, die ich in die Kategorie Ruinen einreihe. Ein weiterer Grund für das Dasein der Bauruinen: Während der griechischen Staatsschuldenkrise ist vielen Menschen einfach das Geld ausgegangen. Und so kann der staunende Tourist und die staunende Touristin, egal wo er und sie oder womöglich beide gemeinsam sich gerade befinden, auf ganz Kreta Relikte aus dem 20. und beginnenden 21. Jahrhundert n. Chr. besichtigen, noch dazu völlig kostenlos. Hier eine kleine subjektive Zusammenstellung:

Iráklion: Gebäuderuine in der *Odos Koronaíou*, eingezwängt in der engen Altstadt; vielleicht einmal als Hotel geplant; wird im unteren Bereich gegenwärtig als Parkhaus genutzt. Wartet noch auf Befundung und nähere Datierung durch den Autor.

Marioú: ausgedehnter Ruinenkomplex, ursprünglich wohl als eine Art Resort geplant; sieht in seinem jetzigen Zustand aus wie die rekonstruierte archäologische Ausgrabung eines weitläufigen Landguts aus der Römerzeit. Wartet noch auf Befundung und nähere Datierung durch den Autor.

Sitía: Betonruine zu nah am Wasser gebaut; siehe oben. Bauzeit: ca. 1970 n. Chr.

Xerókampos/Ámatos: Abklatsch von Ernst Stavro Blofelds Wüstenvilla; Bauzeit: um 2010 n. Chr.?

Páchia Ámmos: weitläufiges Betonruinenareal; typisches Baubeispiel aus der Zeit vor 1975 n. Chr.

Paleóchora: Hotel *Lost Paradise*, interessanter alleinstehender Ziegelbau mit zahlreichen Graffiti; Entstehungszeit?

Skaléta: Aria Village, typischer verlassener Hotelkomplex östlich von Réthymnon; nähere Daten dazu nicht bekannt.

Angesichts der zahlreichen in Skelettbauweise hingestellten Rohbauten fragt sich der Mensch: Wie viele Ruinen verträgt das Land? Ein Nebenschauplatz moderner Ruinenkultur äußert sich in den zahlreichen Autowracks, die sich auf der Insel verteilen. Das mit den Autowracks ist ein bisschen ein Tick von mir. Kaum sehe ich ein für immer und ewig platziertes Gefährt im Olivenhain, im Ziegenpferch, in der Bergeinsamkeit oder an einem Schluchteneingang, zücke ich die Kamera und halte das Blechdenkmal für mein persönliches Album fest.

Unweit meiner persönlichen Urruine (Projekttitel: Zu nah am Wasser gebaut) steht noch etwas anderes: *Dionysos Village*.

Eine Welt für sich. Das Investorenprojekt aus dem Jahr 1997 ging voll in die Hose und bescherte Kreta eine weitere Ruinenanlage in spe. Eines muss man schon sagen: Die Investorenleute ließen sich etwas einfallen, um investitionsinteressierte Menschen für ihr Bauvorhaben zu finden: ein buntes mediterranes Dorf aus der Retorte mit kleinen putzigen Häuschen in gewollter Unregelmäßigkeit mitten auf einer Geröllhalde. Die omnicolore Nicht-Fata Morgana könnte ohne weiteres als *location* für eine weitere Folge von *Star Wars* herhalten. Angeblich wurden die 400 Häuschen und Apartments vornehmlich an Festlandgriechen verkauft, als Geldanlage, als Urlaubsdomizil und zur Vermietung an Touristen. Geschäfte, Büros, Swimmingpools, Bars, Restaurants, Bäckerei, Friseur, alles was das Leben angenehm macht, waren hier geplant. Die Wirklichkeit sieht anders aus und der Zustand wird von Jahr zu Jahr schlimmer. Es gibt keine Geschäfte, keine Gastronomie, bei meinem letztmaligen Besuch des Geisterdorfs saß auch das kleinere der beiden Pools auf dem Trockenen. Der allgemeine Bauzustand ist eine Katastrophe, alles bröckelt, zerfällt und bricht auseinander, auch viele Fensterscheiben sind bereits *kapunt*. Ein paar Unentwegte bewegen sich geisterhaft durch die Gassen der Anlage. In einem offenen und verlassenen Geschäftsraum steht das Modell der Anlage, wie es das Architekturbüro einst präsentierte, inklusive lustigen Sonnenschirmchen am Meeresstrand. Der ist die nächste Katastrophe. Die Meeresströmung lädt den Dreck, den der Mensch im Meer entsorgt hat, am Ufer von *Dionysos Village* wieder ab.

Nach wie vor wird im Internet für einen Aufenthalt im Geisterdorf geworben, in erster Linie von privaten Apartmentbesitzern. Bereits eine Bewertung aus dem Jahr 2009 fiel verheerend aus: *...ein völlig verkommenes, schmutziges Domizil erwartete uns. Die gezeigten Fotos waren nicht aktuell und wohl aus der Zeit, als diese Anlage gerade fertiggestellt war. Grüner Rasen? – Fehlanzeige! Sauber und aufgeräumt? – Nichts von alledem! Glitzerndes Wasser in den Pools? – Denkste! Die Pools waren nicht in Betrieb, der ‚Strand' eine* *einzige Müllhalde, Dreck und Abfall auf der gesamten Anlage verstreut, ohne Strom (dadurch keine Möglichkeit zu kochen, keine Beleuchtung-auch nicht der Außenbeleuchtung, bei einer hohen Marmortreppe von ca. 25 Stufen!), der Fernseher funktionierte nicht, keine Möglichkeit zum Einkaufen, Steckdosen hingen lose in der Wand, und so weiter und so weiter....*[182] Wer sich trotzdem dafür interessiert: Es besteht die Möglichkeit, Aktien der Dionysos Village A. E. zu erwerben. Hier der Kontakt: https://www.immobilien-kleinanzeigen.com/kleinanzeige-Investoren-fuer-das-Feriendorf-Dionysos-Village-auf-Kreta-256812.html.

Auch die unselige Zeit der vierjährigen deutschen Besatzung hinterließ bleibende Spuren in der Landschaft. Bezeichnenderweise sind die Überbleibsel überwiegend Geschützbunker sowie betonierte und gemauerte Unterstände. Ein solches (heute ziemlich urindurchtränktes) Bunkersystem ist in Agía Galíni zu bewundern. Vor Jahren bin ich in der Nähe zufällig auf einige alte Unterstände gestoßen, die heute nicht mehr existieren. An einer der Wände stand der in blauen Frakturbuchstaben hingepinselte Satz *Wir sind nicht geboren um glücklich zu sein, sondern um unsere Pflicht zu tun.* Es ist immer wieder erstaunlich, dass so etwas geglaubt wurde. Da hätte mir ein großes Herz mit Pfeil und der Name der Geliebten, z.B. Rosemarie oder Hildegard oder Gerda, weit besser gefallen. Aber wie gesagt: Gibt's nicht mehr. Was aber irgendwie ein bisschen noch existiert, das sind die Reste des Denkmals Deutscher Vogel (γερμανικό πουλί, *germanikó poulí*) bei Chaniá. Das Monument ist, wenn man so will, das einzige Kunstwerk der deutschen Besatzungszeit und zeigt(e) einen auf einem Sockel befestigten Adler in herabstürzender Position. (In Flória steht außerdem noch ein Denkmal mit einem Flachrelief, auf dem Stielhandgranaten schwingende deutsche Soldaten abgebildet sind, und bei Zíros thront am Straßenrand ein 1943 aufgestellter Menhir mit Inschrift.) Vogel-Bildhauer war ein badischer Gefreiter namens Anton Holzmüller.[183] Beim herabstürzenden Adler handelte und handelt es sich nach wie vor um das Symbol der deutschen

Fallschirmjäger, die sich hier 1941 ein Denkmal setzten. Das Vogeldenkmal liegt heute ohne besonderen Hinweis mitten im Wohngebiet. Am besten erreichbar mit der Buslinie 15 bis zur Haltestelle *germanikó poulí*. Kein Scherz, die Busstation heißt wirklich so. Den *deutschen Vogel* zähle ich ebenfalls zu den kretischen Ruinen, weil nur mehr der Sockel steht. Der Adler wurde um die Jahrtausendwende – welch Ironie – durch einen Blitzeinschlag vom Sockel gefegt. Sagen die einen, denn es wäre nicht Kreta, wenn nicht weitere Versionen über den Vogelsturz im Umlauf wären: Es war der Sturm, sagen andere, es waren gezielte Schüsse aus einer Langwaffe, meinen dritte. Egal, seit über zwei Jahrzehnten wird diskutiert, was mit dem Rest nun geschehen soll. Restaurieren? Entfernen? So wie es sich derzeit präsentiert belassen? Erweitern und dem Denkmal einen neuen Sinn geben? Mit einer Zusatztafel versehen (kontextualisieren heißt das Zauberwort)? Also wenn man mich fragen würde, aber mich fragt ja niemand, ich würde das Ding einfach so belassen, wie es ist, und dem Verfall preisgeben. Sehr schade, dass der Adler nach seinem Sturz weggeräumt wurde. Als gefallener und zerborstener Vogel an der Sockelbasis hätte er für mich den richtigen Platz gefunden. Und wenn dann in 300, 3.000 oder 30.000 Jahren die Archäologen der jeweiligen Zukunft dieses Trumm ausgraben, möchte ich wissen, welche interessanten Schlüsse sie daraus ziehen. Ebenso, wie sie die niemals zu Ende gebrachten Betonskelettbauten bewerten werden. Bei diesen Befundungen wäre ich gern dabei.

Aber warum in die Ferne schweifen, denn das Schlechte liegt so nah: Das Fallschirmjägerdenkmal in Gniebing in der grünen Steiermark erinnert stark an das Vogeldenkmal in Chaniá, womöglich noch um eine Spur zackiger, noch dazu schaut der Adler vom hohen Sockel herab. Auf der Bodenplatte des Gniebinger Vogeldenkmals waren bis 2013 zwei verschlossene Schalen eingelassen, die mit – man glaubt es kaum – kretischer Erde befüllt waren. Damit das auch jeder Mensch mitkriegt, stand auf der Platte unübersehbar KRETAS ERDE. Kein Scherz! 2013 waren die Schalen plötzlich verschwunden. Entwendet für einen guten Zweck: Unter dem Pseudonym *Kretas Rache* war in einem Bekennerschreiben zu lesen, dass sich Schalen und Erde auf dem Weg zurück nach Kreta befänden.[184]

Aber setzen wir unsere kleine Ruinenrundreise fort. In vielen Dörfern und Städten werden wir eine Veränderung des Ortsbildes feststellen. Alte, nicht mehr bewohnte oder anderweitig genutzte Häuser lässt man verfallen und baut daneben neue Gebäude hin. Manchmal wird ein ganzer Ortsteil verlassen, der anschließend schön langsam in sich zusammenbricht. Kein Mensch kann sagen, aus welcher Zeit die alten steingemauerten Hausruinen tatsächlich stammen. Das Baugeschehen auf Kreta war immer schon sehr dynamisch. Gerade in den letzten Jahrhunderten wurde viel zerstört, durch Truppen in osmanischen Diensten, durch die deutsche Wehrmacht, durch gegenseitiges Häuserabfackeln christlicher und muslimischer Gruppierungen, aber auch durch Erdbeben, anschließend wurde wieder aufgebaut. Echte historisch-traditionelle Bauernhausruinen findet man nur mehr ganz selten, am ehesten wird man in aufgegebenen abgelegenen Dörfern fündig, ich empfehle zu diesem Zweck den Besuch von Arádena an der gleichnamigen Schlucht in Westkreta. Einige wenige alte Häuser und auch Ruinen erleben eine Wiedergeburt als Wochenendhaus oder werden an Touristen vermietet. Besonders seit der Finanzkrise kleben an zahlreichen alten und unbewohnten Gebäuden Zettel mit dem Hinweis ΠΟΛΕΙΤΑΙ – FOR SALE Tel. 1234567. Solche Angebote finden Anklang bei wohlhabenden Mittelnordwesteuropäern, die auf der Suche nach dem ewigen Urlaubsglück sind. Nicht nur die Dörfer Lístaros und Kamilári bei Mátala haben sich zu einer Ausländerkolonie entwickelt, sondern auch eine Reihe anderer Ortschaften wie zum Beispiel Azogyrés bei Paleóchora oder Karýdi in der Nähe von Zákros. Karýdi ist ein typisches Opfer der Binnenwanderung, weg vom Berg – hin zur Ebene und zum Meer. Eine Frau, die in Karýdi geboren und aufgewachsen ist, erzählte mir von einem bewohnten und voll funktionierenden Dorf, mit *kafeneía*, Geschäften, Schule,

Friseur und sogar einer Polizeistation. Der Niedergang ganzer Dörfer einschließlich der Abwanderung und des Aussterbens von 90 bis 100 Prozent der Bevölkerung ist nichts Ungewöhnliches und zum Teil schon recht dramatisch. Zu diesem Thema erscheinen immer wieder einmal melancholisch gestimmte Medienbeiträge, die über den letzten Einwohner des xy-Dorfes berichten. Ein wenig bewohntes und unwichtiges Dorf (Sfendíli) hat man halb in einem neu angelegten Stausee untergehen lassen, ein Vorgang, den ich in der Schublade Technische Überheblichkeit ablege.[185] Nicht vergessen zu erwähnen darf man die ehemaligen temporären Siedlungen, die nur in der warmen Jahreszeit genutzt wurden, ich nenne sie zusammenfassend Almdörfer, von denen bei vielen Gebäuden nur mehr die Außenmauern stehen. Sie wurden irgendwann einfach nicht mehr gebraucht.

Das Ende der Subsistenzwirtschaft brachte auch das Ende von mitten in der Landschaft stehenden Bauten: Torsi von leicht als solche zu erkennenden Windmühlen (die bekanntesten stehen auf dem Ampélos-Pass am Eingang zur Lasíthi-Hochebene) und weniger leicht als solche zu erkennenden Wassermühlen (finden sich alleinstehend auf der ganzen Insel) stammen aus einer Zeit, als auf Kreta noch Getreide angebaut wurde. Bei Wanderungen und Spaziergängen trifft man ständig auf *alónia*. Auf diesen kreisförmigen Dreschplätzen wurde mit dem Dreschschlitten jahrhundertelang (Jahrtausende?) im Kreis gefahren, um Körner, Stroh und Spreu zu trennen, sie sind ebenfalls Relikte aus Kretas Getreidezeit. Jüngeren Datums sind die betonierten offen geführten Wasserkanäle, die nur wenige Jahrzehnte in Betrieb waren und jetzt entweder wegbrechen oder die Heimstatt pflanzlicher Lebewesen werden. Noch einmal erwähnen möchte ich die Festungsbauten aus der späten Türkenzeit, die *koulédes*, die bis auf wenige Ausnahmen seit 1898 ihrem Schicksal überlassen werden.

Aber das ist bei weitem noch nicht alles und wir befinden uns erst bei Ruinenbauten aus dem 19. Jahrhundert. Wer noch nicht genug davon hat: Hier geht's weiter! Die Terrassierung von Hängen zur landwirtschaftlichen Nutzung geht auf die venezianische und türkische Zeit zurück, ebenso die im Zickzack in die Berglandschaft gesetzten gepflasterten Eselspfade, die *kalderímia* (letztere werden aber auch in die byzantinische Zeit datiert). Beide Typen dieser Kunstbauten sind seit über hundert Jahren im Stadium zunehmender Verwilderung. Andere türkische Artefakte als die *koulédes* sind mir bisher nur wenige untergekommen, die Gründe dafür habe ich schon im Kapitel Ethnische Säuberung angesprochen. Die paar Moscheen und Minarette in den großen Städten im Norden und ein paar Brunnenanlagen und Brücken auf dem Land sind ja keine Ruinen.

Ehemalige Herrenhäuser, Burg- und Festungsreste, Mauern, Türme und Aquädukte sind das Ruinenerbe der Venezianer. Besonders ins Auge fallen hier die erhalten gebliebenen Befestigungen in den großen Städten an der Nordküste. Auf der Insel Spinalónga wurde eine ganze Ruinenstadt hinterlassen. Einzig in der Nähe der Ortschaft Myrsíni habe ich in oliviger Einöde einen schön restaurierten venezianischen Turm gefunden, von dem man nicht viel mehr weiß, als dass er im 15. oder 16. Jahrhundert errichtet wurde, dass er als Beobachtungs- und Wachturm diente (oder auch nicht) und dass in der nebenan stehenden Kirche 1677 ein Vitséntzos Kornáros seinen Namen in die Wand gekratzt hat, wahrscheinlich bis sicher ein Nachkomme des gleichnamigen Dichters. Manche Festungsreste stammen aus dem Beginn des 13. Jahrhunderts, der turbulenten Übergangszeit von der byzantinischen zur venezianischen Herrschaft. Das Byzantinische Reich selbst ist mit Ruinen nicht sonderlich vertreten. Die Epoche wird hauptsächlich durch die Orthodoxe Kirche repräsentiert und die meisten Kirchen und Klöster (aber bei weitem nicht alle) sind keine Ruinen, sondern erhaltene Bauwerke.

Es gibt auch Zeitabschnitte, die wenig bis gar nichts hinterließen. Die arabische Epoche zum Beispiel dauerte immerhin um die 135 Jahre, an Bauwerken erhalten ist so gut wie nichts. Das liegt vielleicht auch daran, dass die Byzantiner nach der Rückeroberung Kretas im Jahr 961 etwaige Zeugnisse aus diesem Zeitraum systematisch und gründlich vernichteten.

Geblieben sind immerhin ein paar Ortsnamen und topografische Bezeichnungen, von denen Sarákinos/Sarákina für Sarazene am augenscheinlichsten ist.

Jetzt gleiten wir schön langsam in das Zeitalter der klassischen Antike hinüber. Wichtigste Hinterlassenschaft der Römer sind die Ruinen in Górtyn, Górtyna, Górtys (wie auch immer) in der Messará-Ebene, das während der Römerzeit als Inselhauptstadt diente. Allerdings fällt man über diese geschichtlichen Reste nicht einfach drüber, sondern sie sind nur mit einer Eintrittskarte im Archäologiepark zu besichtigen. Wie auf Kreta üblich, stammen die Ruinenreste von Górtyna aus verschiedenen Epochen. Auch die Römer haben oft nur dazugebaut. Aber nicht nur. Typischerweise auf den schönsten Inselplätzen wurden vielerorts die Reste römischer Landvillen ausgegraben, nach dem Motto: Die Römer haben auch schon gewusst, wo es sich gut leben lässt. Einen großflächigen römischen Getreidespeicher, dessen Außenmauern noch stehen, findet man in der Bucht von Thólos, wo sich ein wichtiger Getreidehafen befand.

Viel Ruinenstoff geben die Inselkleinstaaten der vorchristlichen Jahrhunderte her. Am Meer, im Gebirge, auf Höhen und in Tiefen trifft der eifrige Ruinensammler auf die Überbleibsel aus der archaischen und hellenistischen Zeit. Elefthérna, Áptera, Láppa, Ítanos, ich nenne, was mir gerade einfällt. Besonders gut gefällt mir die Aussicht auf ein in der Wildnis freigelegtes Fußbodenmosaik oder auf herrenlos herumliegende Säulentrommeln, die irgendwann einmal einen Architrav trugen.

Bevor wir uns zeitlich den minoischen Ruinenstätten nähern, gibt es noch andere *Schmankerl*. Da wären nämlich noch die Flucht- und Höhensiedlungen aus der unruhigen Zeit um die vorchristliche Jahrtausendwende. So stolperte ich beim Herumstreifen rein zufällig über die Tholosgräber von Vrontás. Der Besuch solcher Höhensiedlungen kann mitunter eine schweißtreibende Angelegenheit sein (zum Beispiel der Aufstieg zur Höhensiedlung Kárfi). Und schließlich die minoischen Ausgrabungen – die sind natürlich eine Liga für sich, dafür ist Kreta berühmt, ich sage nur Knossós! Hier tummeln sich pro Jahr über 800.000 Menschen, in Faistós als zweitwichtigste archäologische Stätte sind es pro Jahr nur mehr 100.000 Touristen, die über altes Gestein wandeln. Ich persönlich komme der fernen Zeit um vieles näher, wenn ich auf kleineren aber nicht weniger bedeutenden Ausgrabungen stehe, das kann Rousólakos ebenso sein wie Goúrnia oder Foúrnou Koryfí – meistens ziemlich allein. Wahrlich – ein einziges Leben reicht nicht aus, um all das gesehen zu haben

Anmerkungen

Zeitreisen

[1] https://de.wikipedia.org/wiki/Minoa_(Schiff).

[2] Wolfgang Behringer, Der große Aufbruch. Globalgeschichte der Frühen Neuzeit, München 2023, S. 65.

Unsere touristischen Vorfahren

[3] M(artin) Rikli, Eine Frühlingsfahrt nach Kreta. (März-April 1914.) (Neujahrblatt hrsg. von der Naturforschenden Gesellschaft in Zürich auf das Jahr 1917, 119. Stück). Zürich o. J., S. 3.

[4] Die Routenbeschreibung folgt der Veröffentlichung „Eine Frühlingsfahrt nach Kreta. (März-April 1914.)"

[5] Die Nilo strandete 1916 vor Tripolis, konnte nicht mehr flott gemacht werden und wurde aufgegeben.

[6] Rikli 1917, S. 31-32.

[7] 2 bis 3 (Wiener) Fuß sind etwa 60 bis 90 cm.

[8] Franz Wilhelm Sieber, Reise nach der Insel Kreta im griechischen Archipelagus im Jahre 1817. Leipzig und Sorau 1823, S. 387.

[9] Ebd., S. 396.

[10] Ebd., S. 71.

[11] Ebd., S. 126.

[12] Ebd., S. 453.

[13] Sieber befand sich an der Flussmündung am Ausgang der Samariá-Schlucht.

[14] Sieber 1823, S. 468-469.

[15] (Joseph) Pitton von Tournefort, Beschreibung einer auf königlichen Befehl unternommenen Reise nach der Levante. Aus dem Französischen übersetzt. Erster Band. Nürnberg 1776, S. 124.

[16] Ebd., S. 123.

[17] Ebd., S. 125.

[18] Ebd., S. 11.

[19] Ebd., S. 120f.

[20] Roger Willemsen (Hg.), Die wundersamen Irrfahrten des William Lithgow. Frankfurt am Main 2011, S. 54. Das englische Original ist hier zu finden: https://quod.lib.umich.edu/e/eebo/A05597.0001.001/1:12.1.3?rgn=div3;view=fulltext.

[21] Die Bezeichnung Pickehorno entstammt dem englischen Originaltext, in der deutschsprachigen Ausgabe heißt dieselbe Ortschaft Apockichorio. Beide Namen ähneln verdächtig jener der Festung Apicorno bzw. Bicorna bei Kalýves.

[22] Willemsen 2011, S. 54f.

[23] Ebd., S. 55.

[24] Ebd., S. 61.
[25] Ebd., S. 62.
[26] Ebd.
[27] Ebd., S. 64.
[28] Ebd., S. 60.
[29] Zit. in Michail Chatzidakis, Ciriaco d'Ancona und die Wiederentdeckung Griechenlands im 15. Jahrhundert. Cyriacus – Studien zur Rezeption der Antike Band 9. Petersberg 2017, S. 45.
[30] Zit. in J.P.A. van der Vin, Travellers to Greece and Constantinople. Ancient Monuments and Old Traditions in Medieval Travellers' Tales. Volume 1. Uitgaven van het Nederlands Historisch-Archaeologisch Instituut te Istanbul 49. Leiden 1980, S. 141.
[31] Zit. in Chatzidakis 2017, S. 49.
[32] https://celt.ucc.ie/published/T300002-001/index.html.
[33] Möglicherweise handelt es sich hier um ein Mitglied der griechischen Adelsfamilie Kallérgis.

Belagerungszeit: 21 Jahre

[34] Heinrich Kretschmayr, Geschichte von Venedig. Band 3: Der Niedergang. Neudruck der Ausgabe Stuttgart 1934. Aalen 1964, S. 319.
[35] Wilhelm Bigge, Der Kampf um Candia in den Jahren 1667-1669, in: Kriegsgeschichtliche Einzelschriften H. 26 (1899), S. 113–227; Ekkehard Eickhoff, Venedig, Wien und die Osmanen. Umbruch in Südosteuropa 1645-1700. Stuttgart 1988.
[36] Arrigo Petacco, L'ultima crociata. Quando gli ottomani arrivarono alle porte dell'Europa. Milano 2009, S. 145/146.
[37] Bigge 1988, S. 127.
[38] Thomas Freller, Militärische Strategie und christliche Propaganda. Der Krieg um Kandia (1645 bis 1669) und der Padre Ottomano, in: Militärgeschichtliche Zeitschrift 76/1 (2017), S. 1–34.
[39] Bigge 1988, S. 201.; The generall historie of the Turkes: from the first beginning of that nation to the rising of the Othoman familie: with all the notable expeditions of the Christian princes against them. Together with the liues and conquests of the Othoman kings and emperours, vnto the yeare 1610 written by Richard Knolles somtyme fellowe of Lincoln College in Oxford, S. 219 = https://quod.lib.umich.edu/e/eebo/A47555.0001.001/1:167.3?rgn=div2;view=fulltext.
[40] http://www.kriegsreisende.de/absolutismus/candia.htm (Frank Westenfelder).
[41] von Tournefort 1776, S. 43. (Tournefort besuchte Kreta im Jahr 1700, die deutsche Übersetzung erschien erst Jahrzehnte nach der französischen Originalausgabe.)

Napoleon und Madame Hortense in Ierápetra

[42] Sieber 1823, S. 346.

[43] https://www.crete.pl/de/ciekawe-miejsca/dom-napoleona-w-ierapetrze.html.
[44] Elpis Melena, Erlebnisse und Beobachtungen eines mehr als 20jährigen Aufenthaltes auf Kreta. Neuausgabe des 1892 bei Schmid von Seefeld Nachf. in Hannover erschienenen Buches. Zehdenick 2008, S. 284.
[45] https://www.ethnos.gr/travel/article/34428/omythoskaitomysthriometospitoynapoleontabonaparthsthnierapetrapics
[46] https://www.crete.pl/de/ciekawe-miejsca/dom-napoleona-w-ierapetrze.html.
[47] https://www.ethnos.gr/travel/article/34428/omythoskaitomysthriometospitoynapoleontabonaparthsthnierapetrapics
[48] http://diaspora-grecque.com/modules/altern8news/article.php?storyid=6793.
[49] https://www.anatolh.com/2017/04/29/η-επίσκεψη-του-ναπολέοντα-στην-ιεράπε/
[50] Zit. in Hans W. Korfmann, Die stets am Abgrund Tanzende, in: mare. Die Zeitschrift der Meere No. 129 (August/September 2018), S. 58–60, hier S. 59.
[51] Zit. auf https://www.nostimonimar-online.com/search/label/ΛΑΣΙΘΙ
[52] Zit. auf https://agonaskritis.gr/η-μυθική-μαντάμ-ορτάνς-η-γαλλίδα-ιερόδ/
[53] Zit. ebd.
[54] Korfmann 2018, S. 60.

Die Aussätzigen

[55] Ελισάβετ Περιστεράκη, Σκοτεινός Τουρισμός. Μελέτη περίπτωσης: Σπιναλόγκα. Πτυχιακί Εργασία. Τεχνολογικό εχνολογικό Εκπαιδευτικό Ίδρυμα Κρήτης Σχολή Διοίκησης και Οικονομίας Τμήμα Εμπορίας & Διαφήμισης. 2017.
(Elisabet Peristeraki, Dark Tourism. Case Study: Spinalonga. Diploma Thesis Technological Education Institute of Crete School of Management and Economics Department of Commerce & Marketing. O. O. [Iráklion] 2017; https://apothesis.lib.teicrete.gr/bitstream/handle/11713/8319/PeristerakiElisavet2017.pdf?sequence=1&isAllowed=y.
[56] Yannis Spyropoulos, Slaves and Freedmen in the 17th- and early 18th-Century Ottoman Crete, in: Turcica 46 (2015), S. 177–204, hier S. 179/80.
[57] Ebd., S. 183.
[58] https://spinalonga-island.gr.
[59] Sieber 1823, S. 419.
[60] Ebd., S. 75.
[61] Henry W. Nevinson, Scenes in the Thirty Days War between Greece & Turkey 1897. London 1898, S. 270/71, (Übersetzung aus dem Englischen durch den Autor).
[62] https://www.news247.gr/ellada/oi-protes-fotografies-lepron-sti-spinalogka/.
[63] Tages-Post v. 22. November 1904, S. 3.

[64] Georgia Moschovi, Spinalonga Ostkreta. Kulturministerium – Kasse für archäologische Mittel und Enteignungen. Athen 2005, S. 29.

[65] Zit. bei ebd., S. 30.

[66] Das kleine Blatt v. 2. Dezember 1928, S. 4.

[67] http://blogs.editions-anacharsis.com/cretois/index.php?post/Spinalonga%2C-1927.

[68] Weltpresse v. 13. Oktober 1950, S. 8.

[69] https://spinalonga-island.gr.

Ethnische Säuberung

[70] Theocharis E. Detorakis, Geschichte von Kreta. Iraklio 1997, S. 278.

[71] Sieber 1823, S. 501.

[72] Die Massenhinrichtungen fanden 1812–1814 statt; 1826 wurden die Janitscharen als militärische Einheit im Osmanischen Reich aufgelöst.

[73] Zit. in Detorakis 1997, S. 278.

[74] Anton Prokesch von Osten, Denkwürdigkeiten und Erinnerungen aus dem Orient. Zweiter Band. Stuttgart 1836, S. 229.

[75] Robert Pashley, Travels in Crete. Volume II. Cambridge-London 1837, S. 121.

[76] T(homas) A(bel) B(rimage) Spratt, Travels and Researches in Crete. Vol. II. London 1865, S. 164.

[77] (Nikolaos Stavrakis) Νικολάος Σταυράκης, Στατιστική του πληθυσμού της Κρήτης μετά διαφόρων γεωγραφικών, ιστορικών, αρχαιολογικών, εκκλησιαστικών κτλ.. ειδήσεων περί της νήσου. Αθήνησι 1890.

[78] Pester Lloyd v. 27. Mai 1896, S. 2.

[79] Kölnische Zeitung v. 9. April 1897, S. 1.

[80] Ebd. v. 14. Oktober 1896, S. 1.

[81] Wladimir Giesl, Zwei Jahrzehnte im nahen Orient. Berlin 1927, S. 82.

[82] Ebd., S. 83.

[83] Zit. in Leo v. Dierkes, Reisebriefe aus Kreta, in: Neue Freie Presse v. 6. August 1899, S. 16–20, hier S. 19.

[84] Wiener Zeitung v. 17. Jänner 1899, S. 2.

[85] https://wiki.edu.vn/wiki9/2020/12/18/geografische-namensanderungen-in-griechenland/.

[86] https://www.elenipsaradaki.gr/gr/.

Epanástasi

[87] William J. Stillman, The Cretan Insurrection of 1866-7-8. New York 1874, S. 87.

[88] Neue Freie Presse v. 6. Februar 1867, S. 14.

[89] dt. Omer-Pascha Latas. Der Marschall des Sultans. Frankfurt/Main-Wien 1983.

[90] Zit. in Karl Mendelssohn-Bartholdy, Die Insel Kreta und der nationale Kampf gegen die Türken, in: Unsere Zeit. Deutsche Revue der Gegenwart. Monatsschrift zum Conversations-Lexikon. N.F. 5, 2.H. (1869), S.

321–349, hier S. 341.

[91] Zit. in Melena 2008, S. 300.

[92] J. E. Hilary Skinner, Roughing it in Crete in 1867. London 1868, S. 182/183.

[93] Im Deutschen bedeutet Blockhaus vornehmlich ein Holzhaus in Blockbauweise, während man mit dem englischen blockhouse einen kleinen Verteidigungsbau in Holz- oder Steinausführung verbindet.

[94] https://www.kastra.eu/kouledes_en.php.

[95] Gustav Pauli, Drei Wochen auf Creta (1), in: Das Ausland 18/1875, S. 345–349, hier S. 347.

Die Kretakrise

[96] Marie-Janine Calic, Südosteuropa. Weltgeschichte einer Region. München 2016, S. 21.

[97] https://de.wikipedia.org/wiki/Kreta_(Wien); https://www.wienerzeitung.at/nachrichten/chronik/wien-chronik/2132818-Ein-bisschen-Griechenland-in-Wien.html.

[98] Lukas Resetarits, Krowod. Erinnerungen an meine Jugend. Wien 2022, S. 58.

[99] Fr. Chr. Schlossers Weltgeschichte. Neunzehnter Band: Neueste Zeit IV. Berlin o. J. (um 1902), S. 234.

[100] Vgl. Michael Schwartz, Ethnische „Säuberungen" in der Moderne: globale Wechselwirkungen nationalistischer und rassistischer Gewaltpolitik im 19. und 20. Jahrhundert (Quelle und Darstellungen zur Zeitgeschichte 905). München 2013, S. 281.

[101] Kölnische Zeitung v. 22. März 1897, S. 1.

[102] Ebd.

[103] Ebd. v. 13. April 1897, S. 1.

[104] Neue Freie Presse v. 29. Juli 1899, S. 2.

[105] Kölnische Zeitung v. 13. April 1897, S. 1.

[106] Nevinson 1898, S. 249.

[107] Vgl. ebd., S. 250.

[108] Vgl. Irmgard Pangerl, Die Kreta-Mission der k.u.k. Kriegsmarine. Dipl. Arb. Wien 2008, S. 84.

[109] Kölnische Zeitung v. 16. April 1897, S. 2.

[110] Die k. und k. Streitkräfte auf und vor Kreta 1897/1898. Im Auftrage des k. und k. Reichs-Kriegs-Ministeriums auf Grund der officiellen Acten verfasst. Wien 1901, S. 91.

[111] Veraltete Bezeichnung für Aufständische.

[112] Das „Gras-Gewehr" war ein ursprünglich französisches Militärgewehr, das Ende des 19. Jahrhunderts in der griechischen Armee in Verwendung stand. Bis nach dem Zweiten Weltkrieg war es das typische griechische Partisanengewehr. Die Gewehre für Griechenland wurden aber nicht von Frankreich bezogen, sondern von der Österreichischen Waffenfabriks-Gesellschaft in Steyr.

[113] Zit. in Die k. und k. Streitkräfte 1901, S. 147.
[114] Ebd., S. 196.
[115] Melena 2008, S. 285.
[116] Neue Freie Presse v. 6. August 1899, S. 17.

Das Dorf der Chalikoútes

[117] Gustav Pauli, Drei Wochen auf Creta (2), in: Das Ausland 19/1875, S. 380–384, hier S. 381.
[118] (Mary Adelaide) Walker, Eastern Life and Scenery. Excursions in Asia Minor, Mytelene, Crete, and Roumania. Vol. II. London 1886, S. 286.
[119] Alfred von Seefeld, Dem Frühling entgegen! Winterreise nach Kreta, in: Hannoverscher Courier v. 23. Februar 1889, S. 1–3, hier S. 2.
[120] Melena 2008, S. 55.
[121] Heinz Bothmer, Kreta in Vergangenheit und Gegenwart. Leipzig 1899, S. 22.
[122] Leo v. Dierkes, Reisebriefe aus Kreta, in: Neue Freie Presse v. 6. August 1899, S. 16–20. hier S. 16.
[123] Neue Freie Presse v. 9. August 1896, S. 2.
[124] Melena 2008, S. 55; Michael Ferguson, Enslaved and Emancipated Africans on Crete, in: Terence Walz, Kenneth M. Cuno (Hg.), Race and Slavery in the Middle East. Histories of Trans-Saharan Africans in Nineteenth-Century Egypt, Sudan, and the Ottoman Mediterranean. The American University of Cairo Press, Cairo-New York 2010, S. 171–196, hier S. 176; http://ret-anadromes.blogspot.com/2008/04/blog-post_4703.html; https://www.haniotika-nea.gr/sta-ichni-ton-afrikanon-chalikoytidon-tis-kritis/
[125] Ferguson 2010, S. 175.
[126] Yannis Spyropoulos, Slaves and Freedmen in the 17th- and early 18th-Century Ottoman Crete, in: Turcica 46 (2015), S. 177–204, hier S. 179.
[127] von Tournefort 1776, S. 123.
[128] Robert Pashley, Travels in Crete. Volume I. Cambridge-London 1837, S. 104.
[129] John Bowring, Report on Egypt and Candia. London 1840, S. 157.
[130] Sieber 1823, S. 156.
[131] Vgl. Spratt 1865, Vol. II., S. 143.
[132] Vgl. https://www.daynight.gr/kriti/oi-xalikoutes-tis-kritis-i-istoria-tous/
[133] Trachom, bakterielle Augenentzündung mit dem Bakterium Chlamydia trachomatis, auch „Ägyptische Augenkrankheit" genannt.
[134] Melena, Erlebnisse, S. 56.
[135] (Charidimos Papadakis) Χαρίδημος Παπαδάκης, Οι Αφρικανοί στην Κρήτη. Χαλικούτες. Ρέθυμνο 2008.
[136] Seefeld 1889, S. 3.
[137] Neue Freie Presse v. 9. August 1896, S. 3.
[138] Nizam (türkisch) = Ordnung.
[139] Giesl 1927, S. 83.

[140] https://www.haniotika-nea.gr/sta-ichni-ton-afrikanon-chalikoyti-don-tis-kritis/.
[141] https://blackgreece.hypotheses.org/53.
[142] https://kriti360.gr/kapnizeis-sa-ton-ali-gkogko-o-pragmatikos-anthropos-piso-apo-tin-ekfrasi-oi-chalikoytides-kai-to-koym-kapi-sta-chania-pics/.

Sehr schlechte Zeiten

[143] Marlen von Xylander, Die deutsche Besatzungsherrschaft auf Kreta 1941–1945. (Einzelschriften zur Militärgeschichte 32). Freiburg 1989, S. 65.
[144] SOE steht für „Special Operations Executive"; britische nachrichtendienstliche Truppe während des Zweiten Weltkriegs, siehe https://de.wikipedia.org/wiki/Special_Operations_Executive und https://www.nam.ac.uk/explore/SOE.
[145] Hagen Fleischer, Besatzungsalltag auf Kreta 1943–1944. Eine Dokumentation, in: Dietrich Eichholtz, Geschichte der deutschen Kriegswirtschaft 1939–1945. Band III: 1943–1945, Teil 1. München 1999, S. 360–391, hier S. 370/71.
[146] Ebd. S. 373.
[147] Brief von (Hauptmann) Lutz Beutin an seine Frau, zit. in: Harald Gilbert, Das besetzte Kreta 1941-1945 (Peleus. Studien zur Archäologie und Geschichte Griechenlands und Zyperns Band 63). Ruhpolding 2014, S. 272.
[148] Vgl. Patrick Leigh Fermor, Die Entführung des Generals. Zürich 2015, S. 231.
[149] Zit. in Gilbert 2014, S. 120.
[150] Zit. in ebd., S. 122.
[151] I. Kalitsounákis, N. Kazantzákis, I. Kakridís, K. Koutoulákis, Bericht der Zentralen Kommission zur Feststellung der Gräueltaten auf Kreta. (Gesellschaft für Kretische Historische Studien, Zeugnisse 8). Heraklion 2017, S. 70–78.
[152] Ebd., S. 66/67.
[153] Ebd., S. 68.
[154] Ebd., S. 69.
[155] Ebd., S. 79.
[156] https://mydaimoncom.blogspot.com/2012/10/blog-post_23.html, (Übersetzung durch den Autor).
[157] W. Stanley Moss, Ill Met by Moonlight. London 1950 (Verfilmung 1957); G. Harokopos, Die Entführung von General Kreipe. Heraklion 2002; Hans Prescher, General Kreipe wird entführt. Ein Husarenstück auf Kreta 1944. Mähringen 2007; Patrick Leigh Fermor, Die Entführung des Generals. Zürich 2015.
[158] Zit. in Gilbert 2014, S. 151.
[159] Xylander 1989, S. 133.
[160] Ebd., S. 136.

[161] Zit. in Fleischer 1999, S. 381.
[162] C.F. Rüter, D.W. de Mildt, Justiz und NS-Verbrechen. Die ost- und westdeutschen Gerichtsentscheidungen wegen nationalsozialistischer Tötungsverbrechen seit 1945, Bd.X, Lfd.Nr.338, Tatkomplex Verbrechen der Endphase, Tatort Kreta, Tatzeit 450511-450512, Gerichtsentscheidungen LG Hamburg vom 30.01.1953, (50) 18/52, S. 293–336: https://junsv.nl/westdeutsche-gerichtsentscheidungen.
[163] Ebd., S. 332.
[164] Rudolf Bilgeri, Bei den Partisanen in Athen. Tagebuch eines Deserteurs der Wehrmacht. Innsbruck 2023.
[165] ELAS: Abkürzung für Ελληνικός Λαϊκός Απελευθερωτικός Στρατός (Griechische Volksbefreiungsarmee).
[166] EOK: Abkürzung für Εθνική Οργάνωση Κρήτης (Nationale Organisation von Kreta).

Die Entführung

[167] Wiener Kurier v. 1. September 1950, S. 2.
[168] https://theartofcrime.gr/old/oldartofcrime/old.theartofcrime.gr/index0a4b.html?pgtp=1&aid=1365353945.
[169] Ebd.
[170] Zit. auf https://www.neakriti.gr/kriti/2014398_h-apagogi-tis-tasoylas-73-hronia-meta-i-ypothesi-poy-sygklonise-panellinio-kai.
[171] Salzburger Nachrichten v. 8. September 1950, S. 8.
[172] Wiener Kurier v. 1. September 1950, S. 2
[173] https://www.neakriti.gr/kriti/1689034_apagogi-poy-sygklonise-tin-kriti-efyge-apo-ti-zoi-i-thryliki-tasoyla-athoryba-i-tafi.
[174] Wiener Kurier v. 4. September 1950, S. 8.
[175] Weltpresse v. 9. September 1950, S. 6.
[176] https://theartofcrime.gr/old/oldartofcrime/old.theartofcrime.gr/index0a4b.html?pgtp=1&aid=1365353945.
[177] https://www.neakriti.gr/kriti/2014398_h-apagogi-tis-tasoylas-73-hronia-meta-i-ypothesi-poy-sygklonise-panellinio-kai.
[178] https://de.wikipedia.org/wiki/Manolis_Kefalogiannis.
[179] https://www.cretalive.gr/kriti/tasoyla-petrakogiorgi-i-zoi-meta-tin-mythiki-apagogi.

Ruinenland

[180] https://www.tektorum.de/planung-baurecht/1446-griechische-baugesetze.html.
[181] https://www.finanzfrage.net/g/frage/stimmt-es-dass-man-in-griechenland.
[182] https://www.ab-in-den-urlaub.de/hotel/dionysos-authentic-resort-village/2934724.
[183] Volksstimme v. 3. Jänner 1942, S. 5.
[184] https://linksunten.indymedia.org/node/86127/index.html.

[185] In derselben Schublade befinden sich unter anderem Abu Simbel und Ibschek in Ägypten, der Ilisu-Staudamm in der Türkei, der Reschensee in Südtirol und der Mediano-Stausee in Spanien.